골든 스피치 마스터

이론편

GOLDEN SPEECH MASTER

골든 스피치 마스터

이론편

김양호 · 조동춘 지음

비전코리아

프롤로그

《골든 스피치 마스터》를 여는 당신께

어떤 말을 듣고 마음이 움직일 때가 있다. 어떤 말은 나를 일으켜 세우고, 어떤 말은 세상을 바꾼다. 그런 말을 옛날부터 우리나라에서는 '주옥같은 말'이라 했고, 서양에서는 '골든 스피치 Golden Speech'라고 불렀다. 그런 말에는 진실과 감동, 용기와 통찰, 울림이 들어 있기 때문이다.

그렇다면 '골든 스피치'란 무엇일까? 그저 듣기 '좋은 말'이면 될까? 아니면 미사여구로 치장된 웅변일까? 이 책에서는 '골든 스피치'를 '시대를 움직이고 사람을 살리는 말'로 정의한다.

《골든 스피치 마스터》에는 3가지 원칙이 있다.

1. GOLDEN – 말의 구조와 설계도

'말은 어떻게 만들어져야 하는가?' G(진중함), O(독창성), L(논리), D(전달), E(감정), N(이야기)의 6가지 요소로 구성된 설계가 말의 뼈대이다.

2. SPEECH – 말의 에너지와 표현 기술

'말은 어떻게 전달되어야 하는가?' S(구조), P(존재감), E(공감), E(에너지), C(명확성), H(조화), 즉 말하는 사람의 태도와 표현 기술을 포함한다. 내용만 좋아서는 안 된다. 어떻게 말하느냐가 관건이다.

3. MASTER – 말하는 사람의 성장과 내공

'누가 말하는가?' M(사고방식), A(진정성), S(전략), T(기술), E(참여), R(성찰과 피드백), 즉 말하는 사람 자체가 골든이 되어야 말도 빛이 난다. 말에는 품격이 묻어나기 때문이다.

이 책은 바로 3가지, 구조GOLDEN, 표현SPEECH, 인격MASTER을 하나로 묶어서 시대와 세대를 꿰뚫는 스피치의 본질을 탐구하고자 한다. 그러므로 '말을 잘하는 법'만을 가르쳐주는 것이 아니라 '말이 왜 중요한가?', '어떤 말이 사람을 살리는가?', '나는 어떤 말을 남길 것인가?'를 질문하고 생각하고 학습하는 스피치 안내서이다.

단지 말하기 기술이 아닌, 세상을 밝히는 말, 사람을 살리는 말, 자신의 인생을 바꾸는 말,《골든 스피치 마스터》의 첫 문을 여는 당신을 환영한다.

저자 서문

'말의 길'을 걸어온
한 사람의 회고와 바람

나는 평생 '말'과 함께 살아왔다. 말을 배우고, 가르치고, 써오면서, 한 사람의 말이 얼마나 많은 사람의 운명을 바꾸는지를 수없이 목격했다.

내가 이 길을 처음 걷게 된 것은 20대 청년 시절, 말 한마디로 절망에 빠진 사람의 눈에 다시 빛이 감도는 장면을 목격한 이후였다. 그날 이후로 나는 다짐했다.

"말이 사람을 살릴 수 있다. 말의 본질을 평생 공부하겠다."

그때는 교재도 부족했고, 자료도 제한적이었으며, 무엇보다 '말하기'를 연구 대상으로 여기는 사람이 많지 않았다. 그래서 새로운 길을 만들어야 했다. 스스로 학문을 세우고, 자료를 수집하고, 강의안을 짜고, 책을 쓰고, 연단에 서기를 반복했다. 그 길을 걷다 보니 어느새 반세기가 훌쩍 지나 있었다. 그사이 세상은 달라졌고, 말하는 기술과 언어를 바라보는 시선도 변화했다.

하지만 나는 여전히 묻는다. "말이란 무엇인가? 그리고 좋은 말은 어떻게 탄생하는가?"

이 책은 그 물음에 대한 나의 대답이자, 내가 배운 것을 다음 세대에 전하고 싶은 마음에서 비롯되었다. 나는 한 사람의 교사로서, 연구자로서, 말하는 사람으로서, 말의 구조와 힘, 그리고 말하는 존재의 성장을 통합한 화법의 정수를 남기고 싶었다.

골든 스피치는 단순한 화법 기술이 아니다. 그것은 삶의 태도이며, 표현의 철학이고, 존재의 울림이다. 그래서 나는 이 책을《골든 스피치 마스터》라고 이름 붙였다. 말의 '구조'와 '전달', 그리고 그 말을 하는 '사람'까지 아우르는 것이 바로 내가 평생 추구해온 화법의 목표였다.

이 책을 쓰는 동안 지나온 삶을 자주 떠올렸다. 사람들 앞에서 마른 목소리로 강의를 시작하던 젊은 날, 책을 출간하며 밤새도록 교정을 보던 시절, 수많은 청중과 마주하며 흘렸던 땀과 눈빛들. 그리고 그 사이사이 "선생님 덕분에 제 삶이 바뀌었습니다"라고 말해준 수많은 제자들의 고마운 목소리. 나는 이제 그 목소리에 다시 응답하고자 한다. 그 응답이 바로 이 책이다.

이 책이 말하는 사람에게는 방향을, 듣는 사람에게는 위로를, 가르치는 사람에게는 기준을, 그리고 배우는 사람에게는 희망을 줄 수 있기를 바란다. 말은 지나가지만, 말의 흔적은 남는다.

때로는 말 한마디가 한 사람의 삶을 완전히 바꾼다. 나는 그 사실을 믿는다. 그래서 오늘도, 말의 길을 걷는 사람들과 함께 이 책을 나누려 한다.

2025년 겨울,
조용히 '말의 길'을 회고하며
저자 김양호

동행의 말

함께 걸어온
'말의 길' 위에서

"말은 사람을 담는다."

이는 남편이 평생 되뇌던 말이다. 그와 함께 나는 반세기를 '말하는 사람 곁에서, 말하는 사람으로' 살아왔다. 처음에는 강의실의 조교처럼 시작했다. 작은 단상, 수많은 청중, 떨리는 목소리 속에서 우리는 함께 배우고, 함께 웃으며, 함께 긴장했다.

어느 날 누군가는 우리를 '부부 강사'라 불렀고, 또 다른 날에는 '스피치의 동반자'라 칭하기도 했다. 그러나 우리에게는 그저 '함께 말하고, 함께 배우며, 함께 걸어온 시간'일 뿐이었다.

《골든 스피치 마스터》는 김양호 박사의 삶이자 사상이자 수확물이다. 나는 다만 그 긴 여정의 곁에서, 때론 손을 잡고, 때론 거울이 되고, 때론 작은 반대자가 되어 동행했을 뿐이다.

초고를 함께 읽어가며, "이 문장은 참 따뜻하다", "이 구절은 예전 강연에서 했던 말 그대로네" 하고 웃던 시간은 나에게 또 하나의 회고이자 축복이었다.

이제 나이는 속도를 늦추라 하지만, 우리는 여전히 말을 사랑하고, 사람을 향한 말을 믿는다.

《골든 스피치 마스터》는 우리 두 사람이 '서로의 말이 되어준 시간들', 그리고 그 말이 수많은 청중의 가슴에 닿기를 바라는 '소박하고 진심 어린 마음의 결실'이다. 이 책을 펼치는 당신의 삶에도, 좋은 말, 따뜻한 말, 그리고 진심 어린 말이 가득하기를 기원한다.

2025년 겨울,
말로 살아온 세월을 회고하며
동행자 조동춘

차례

프롤로그 – 《골든 스피치 마스터》를 여는 당신께 4
저자 서문 – '말의 길'을 걸어온 한 사람의 회고와 바람 6
동행의 말 – 함께 걸어온 '말의 길' 위에서 8

Part 1

골든 스피치의 철학과 기술

1장 존재와 심리 – 무대 앞의 나
무대 앞에서 사람이 먼저 무너진다 21
말은 존재의 방식이다 23
두려움은 정상이다 26
말이 나를 바꾸고, 사람을 움직인다 29

2장 구조와 설계 – 내용은 어떻게 짤 것인가
첫 문장으로 청중을 붙잡는 법 35
'서론 – 본론 – 결론'은 통하지 않는다 39
이야기, 구조, 전환의 3대 설계 원리 42
논리와 감정이 함께 흐르는 스피치 47

3장 표현과 전달 – 말을 어떻게 전할 것인가
말의 분위기를 만드는 요소들 53
바디랭귀지, 눈 맞춤, 침묵의 기술 56
즉흥 상황, 돌발 질문, 방해 청중 대처법 60
자신감, 연습이 아니라 훈련이다 64

Part 2 골든 스피치의 핵심 이론과 설계도

1장 GOLDEN – 스피치의 구조와 설계도

Gravitas(진중함) – 말의 무게감, 말하는 사람의 품격   74

Originality(독창성) – 진부함을 넘어서는 창의적인 표현   77

Logic(논리) – 설득의 구조와 흐름 만들기   80

Delivery(전달) – 전달의 기술, 말의 리듬과 음성의 예술   83

Emotion(감정) – 감정의 공명, 공감을 부르는 말하기   87

Narrative(이야기) – 서사의 힘, 이야기가 기억에 남는 이유   91

2장 SPEECH – 전달의 에너지와 언어의 기술

Structure(구조) – 구조화된 메시지 만들기   97

Presence(존재감) – 존재감과 무대 위 영향력   101

Empathy(공감) – 공감의 힘, 청중을 끌어당기는 감정적 연결   104

Energy(에너지) – 에너지의 확산, 생기 있는 말의 기운   108

Clarity(명확성) – 명료함의 기술, 이해되는 말의 조건   112

Harmony(조화) – 조화의 미학, 흐름과 완결의 설계   116

3장 MASTER – 성장과 브랜드

Mindset(사고방식) – 말의 뿌리를 세우는 태도   123

Authenticity(진정성) – 말과 삶의 일치를 향한 진정성   126

Strategy(전략) – 목적을 향한 말의 설계력   130

Technique(기술) – 표현을 완성하는 말의 기술   134

Engagement(참여) – 청중과의 연결을 만드는 공감의 기술   138

Reflection(성찰과 피드백) – 자신을 돌아보는 말의 성찰력   141

Part 3 시대를 움직인 골든 스피치 현장

1장 국가를 설계한 목소리 – 통치자의 언어

민주주의의 이상을 노래한 장례 연설 – 페리클레스　149

국민을 위한 나라를 설계한 연설 – 에이브러햄 링컨　152

말로 제국을 설계한 황제 – 나폴레옹　155

건국 대통령, 독립과 국가의 언어 – 이승만　158

산업화의 비전을 말한 지도자 – 박정희　161

개혁과 직설의 언어 – 김영삼　164

민주주의와 화해를 말한 지도자 – 김대중　167

2장 정의를 부른 외침 – 저항과 희생의 언어

꿈으로 세상을 바꾼 언어 – 마틴 루터 킹　173

침묵 끝에 정의를 말한 통합의 지도자 – 넬슨 만델라　176

침묵을 깨운 한마디, 평등의 불씨 – 로자 파크스　179

분노의 언어로 정의를 외친 투사 – 말콤 엑스　182

자유의 새벽을 연 인도의 목소리 – 자와할랄 네루　185

말로 싸운 신세대 저항의 상징 – 닥터 사사　188

3장 미래를 밝힌 연설들 – 꿈과 통합의 언어

암흑 속에서 희망을 노래한 목소리 – 윈스턴 처칠　195

무너진 프랑스를 다시 일으킨 목소리 – 샤를 드골　198

통합과 이상을 꿈꾼 민족의 목소리 – 김구　201

미래를 여는 도전의 언어 – 존 F. 케네디　204

Part 4 말의 위기와
대중을 움직인 위험한 언어들

1장 위험한 언어의 이론 – 증오와 조작의 구조
헤이트 스피치 – 혐오언어 이론   269
덴저러스 스피치 – 집단 폭력의 메커니즘   273
H.A.T.E.S 모델 분석   277
골든GOLDEN vs 덴저러스DANGEROUS   281

2장 위험한 언어의 실제 – 역사 속 사례들
증오와 선동으로 제국을 세운 언어 – 아돌프 히틀러   287
카리스마로 포장된 포퓰리즘의 언어 – 우고 차베스   290
혐오로 대중을 선동하다 – 마하티르 모하맛   292
음모론을 무기로 삼은 미디어 선동가 – 알렉스 존스   295
대중의 분노를 조직한 포퓰리즘의 전략가 – 스티브 배넌   298
혐오와 편 가르기의 언어 – 유시민   301

3장 우리 안의 말, 어떻게 변질되었는가
공적 담론의 사유화   307
말장난에서 폭력으로   310
커뮤니티에서 '일상적 조롱'의 만연   313
내로남불 언어의 이중성 해부   319
말로 배제된 사람들   322
가짜 뉴스와 증오 담론   325
언어의 일상적 흉기화   328

Part 5 말의 미래, 다시 말이 필요한 시대를 위하여

1장 언어의 위기와 전환 – 말의 경계를 묻다
AI 시대의 언어적 과제 – 인간의 말은 어디로 갈 것인가? 335

스피치 윤리와 책임의 회복 – 말에 책임을 지는 사회 339

다언多言 시대의 딜레마 – 말이 넘쳐나는 사회에서 343

2장 말의 귀환 – 다시 말로 세상을 바꾸다
말의 미래를 묻다 – 교육과 리더십의 새로운 과제 351

치유하는 말 – 다시 희망을 말하다 355

말의 귀환 – 골든 스피치의 시대를 위하여 359

에필로그 – 말로 승부하라, 이제 당신의 차례다 362

Part 1

골든 스피치의
철학과 기술

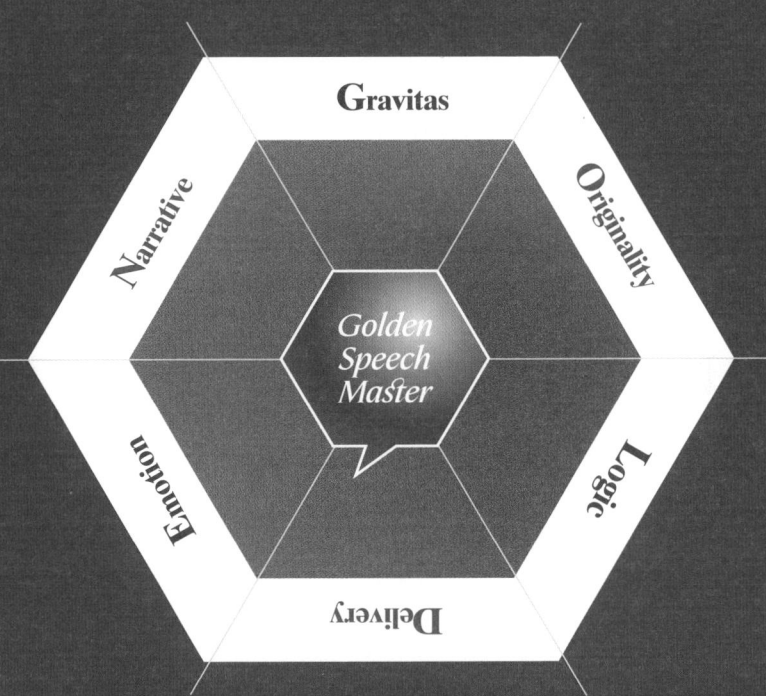

Gravitas

Originality

Logic

Delivery

Emotion

Narrative

1장

존재와 심리 – 무대 앞의 나

스피치의 시작

1837년, 갓 서른이 된 에이브러햄 링컨은 일리노이주 의회에서 첫 연설을 하게 되었다. 변호사로 이름을 알리던 그는 법정에서는 익숙하게 말했지만 정치 무대는 달랐다. 방청석과 동료 의원들의 시선이 쏟아지자, 순간 목이 메이고 손끝이 떨렸다. 처음에 준비한 원고를 더듬더듬 읽던 그는 곧 솔직한 목소리로 자신의 신념을 말하기 시작했다. 청중은 그의 수줍음을 비웃지 않았고, 오히려 진심 어린 담백한 말에서 신뢰를 읽어냈다. 그날 이후 링컨은 서서히 '말로 설득하는 정치인'으로 성장해갔다.

비슷한 사례가 한국에도 있다. 젊은 시절 노무현 변호사가 처음 법정에 섰을 때다. 판사와 검사, 방청객이 지켜보는 가운데 첫 변론을 하게 된 그는 심장이 요동치고 목소리가 자꾸 갈라졌다. 그러나 끝내 물러서지 않고 억울한 피고인의 사연을 전했다. 서툴고 떨렸지만 그의 진심은 법정에 울림을 남겼다.

무대 앞에 서면 누구나 흔들린다. 링컨도, 노무현도 처음에는 두려웠다. 그러나 그 두려움 속에서 자신을 직면하고 진심을 꺼내놓을 때 비로소 스피치는 시작된다. '무대 앞의 나'는 단순히 발표자가 아니라 존재 전체가 드러난다. 이 장은 바로 그 순간을 탐색한다. 우리 모두는 무대 앞에서 결국 '진짜 나'를 만나게 된다.

무대 앞에서 사람이 먼저 무너진다
두려움은 기술의 문제가 아니다

사람들 앞에 서는 것은 그 자체가 두려운 일이다. 청중이 많든 적든, 아는 사람이든 낯선 사람이든 두려움이 앞서게 마련이다. 목이 메이고 손이 떨리며, 머릿속이 하얘지는 이유는 단순한 준비 부족이 아니라 인간의 근본적인 심리다.

말은 단순한 행위가 아니다. 그것은 '나'라는 존재를 세상에 드러내는 순간이다. 무대에 선다는 것은 생각과 감정과 존재 전체를 노출하는 일이다. 그러니 긴장되는 것이 당연하다. 그 긴장은 사실은 '진심'으로 말하고 싶다는 표현이기도 하다.

발표를 망친 사람들은 종종 이렇게 말한다. "준비가 부족했어." 하지만 그것은 절반만 맞는 말이다. 아무리 철저히 준비해도 무대에만 서면 평소와 전혀 다른 사람이 되는 경험을 해봤을 것이다. 그 이유는 '준비'가 아니라 '의식' 때문이다.

사람들 앞에 서면 내 안의 수많은 자아와 마주친다. "나는 지금 평가받고 있다", "말하다 실수하면 어떻게 하지?", "내 모습이 초라해 보이면 어떡하지?" 이러한 내면의 불안이 진짜 원인이다.

우리는 '무대 위에서의 실수'를 두려워한다. 하지만 실제로 무너지는 것은 말이 아니라 사람 자신이다. 말을 잘하는 사람은 완벽한 문장을 외운 사람이 아니라 자신을 단단히 세우고 무대에 선 사람이다.

한 대학 강의실에서 어느 학생이 발표를 시작하려다 멈췄다. "죄송합니다. 너무 떨려서 말이 안 나옵니다." 교수는 격려했다. "괜찮아. 그 말이 진심이야. 지금부터 다시 시작해봐." 그 학생은 다시 시작했고, 그날 가장 진솔한 발표였다는 평가를 받았다.

대중 스피치에 대한 조언 중에 많은 것이 "두려움을 없애라"라는 말이다. 하지만 실제로 두려움은 완전히 사라지지 않는다. 오히려 중요한 말을 할수록, 진심이 깊을수록 떨림은 더 커진다. 스피치의 고수들은 두려움을 '없애려 하지 않는다.' 그들은 그것을 조절하고 활용한다. 두려움을 받아들이고, 그 감정 위에 자신의 메시지를 실어나간다. 그게 진짜 '훈련된 말'이다.

많은 이들이 무대를 심판대처럼 여긴다. "이제 내가 평가당할 차례야." 이런 인식 자체가 자신을 위축시킨다. 무대는 시험장이 아니라 '나를 세우는 곳'이다. 청중은 나를 채점하려고 모인 것이 아니다. 그들은 '내 말'에 공감하고 싶어서, '나의 진심'을 들으려고 앉아 있다.

"청중은 적이 아니다"라는 간단한 진리를 알게 되는 순간, 우리는 두려움에서 한 발 벗어날 수 있다.

말은 존재의 방식이다
'어떻게'보다 더 중요한 '누가'의 문제

"나는 생각한다. 고로 존재한다"라는 데카르트의 명제는 현대에 이르러 이렇게 바뀌어야 할지도 모른다. "나는 말한다. 고로 존재한다." 인간은 언어를 통해 사고하고, 관계를 맺으며, 존재를 증명한다.

누군가를 처음 만날 때는 상대의 외모보다 먼저 '말투'가 인상을 결정한다. '말이 다 했네'라는 말은 농담 같지만 본질을 꿰뚫은 것이다. 그 사람이 어떤 어휘를 쓰는지, 어떤 어조로 말하는지에 따라, 신뢰감, 인간성, 지식 수준, 태도가 느껴진다. 말은 단지 도구가 아니라, 나의 존재를 드러내는 창窓이다.

말을 잘하려는 사람은 많지만, 말을 '제대로' 하려는 사람은 드물다. 대부분은 '유창한 발음', '멋진 문장', '박수받는 스피치'를 꿈꾼다. 하지만 그런 기술은 오래가지 않는다. 청중이 듣고 싶은 것은 '정보'가 아니라 '사람'이기 때문이다. 진심이 묻어나지 않는 말은 아무리 유려해도 공허하다. 반면 떨리고 서툴더라도 진정성이 담긴 말은 오랫동안 사람을 움직인다.

한 장애인 교사가 있었다. 말더듬증 탓에 발표가 늘 쉽지 않았지만,

그는 아이들 앞에서 용기를 내어 천천히, 또박또박 말을 이어갔다.

"나는…… 말을 잘하지 못해요. 하지만 여러분을 진심으로 가르치고 싶어요."

순간, 교실은 조용해졌다. 아이들은 더 이상 선생님의 더듬거리는 말소리를 의식하지 않았다. 오히려 그 느린 말 한마디 한마디에서 전해지는 진심에 귀를 기울였다. 수업은 화려한 기교는 없었지만, 그 어떤 명강의보다 깊은 울림이 있었다.

그날 수업이 끝난 뒤, 한 학생이 조심스레 쪽지를 건넸다.

"선생님, 오늘 수업은 제 마음에 가장 깊이 남았어요."

짧은 문장이었지만, 그 속에 담긴 울림은 교사에게 큰 깨달음을 주었다. 말은 유창함보다 진심이 먼저라는 사실이었다.

기술은 배울 수 있지만, 태도는 깃들어야 한다. 말의 힘은 말솜씨보다 마음에서 온다.

우리는 무대 위에서만 '말을 잘하려고' 애쓴다. 하지만 진짜 말은 무대가 아니라, 일상의 말습관, 사람을 대하는 태도, 살아온 삶 속에서 형성된다. 어떤 CEO는 부하직원 앞에서는 아주 능숙하고 논리적으로 말하지만, 가정에서는 말수가 없고 거칠게 말한다고 한다. 이런 경우 직원들조차 결국 '가짜 말'임을 느낀다.

말은 삶의 누적이다. 말투는 태도이고, 어휘는 세계관이다. 사람은 자기의 삶만큼 말할 수 있다. 스피치란 외운 문장을 내뱉는 것이 아니라, 자신의 삶을 살아 있는 언어로 통역하는 일이다.

말을 통해 사람과 사람이 연결된다. 말을 잘하는 사람보다 말로 관계를 잘 맺는 사람이 더 오래 기억된다. 그런 사람의 말에는 '배려'가 있고, '온기'가 있다. 그리고 그것은 상대방이 느낄 수 있다.

마틴 루터 킹 목사의 '나에게는 꿈이 있습니다 I Have a Dream'라는 연설이 감동을 준 이유는, 그 문장이 시처럼 아름다워서만이 아니다. 그가 인종차별의 고통 속에서 살아온 사람이라는 사실, 그 삶이 고스란히 언어에 녹아 있기 때문이다. 그 말은 사람과 사람 사이의 간극을 좁혔고, 고통과 희망을 연결하는 다리가 되었다.

스피치를 배우는 많은 사람들은 '어떻게 말할까'를 고민한다. 하지만 정말 중요한 질문은 이렇다. "나는 어떤 사람으로 말하고 싶은가?" 우리는 완벽한 스피치를 할 수는 없어도, 진짜 나다운 스피치를 할 수는 있다. 말을 꾸미기보다, 내가 왜 이 말을 하는지, 왜 이 자리에 섰는지를 진심으로 되묻는 것, 그것이 스피치의 출발점이다.

말은 기술이 아니다. 말은 '나' 자체다. 말하는 방식이 곧 살아가는 방식이다. '어떻게 말할 것인가'를 고민하기 전에, '어떤 존재로 설 것인가'를 먼저 생각하라. 그때부터 진짜 말이 시작된다.

두려움은 정상이다
불안을 없애려 하지 말고 활용하라

"사람들 앞에서 말할 때마다 심장이 터질 것 같아요." "말을 시작하기 전부터 머릿속이 하얘져요." "발표만 하면 내 존재가 형편없다는 느낌이 들어요." 말을 잘하는 사람도, 남들 앞에 서야 하는 일이 많은 지도자와 연예인도 이런 말을 한다. 사람들 앞에서 말하려면 누구나 두려운 마음이 앞선다. 떨리는 것은 당연한 반응이다. 오히려 아무 감정 없이 말하는 것이 더 이상하다. 진심이 있고, 의미가 있고, 책임이 있는 말이라면 떨림은 인간적이며 필연적인 것이다.

우리는 종종 스피치 불안을 '감정'이라고 여기지만, 그 이면에는 3가지 요소가 섞여 있다.

① **인식 불안** 사람들이 나를 어떻게 생각할까 하는 걱정
② **기억 불안** 내가 외운 말을 까먹지 않을까 하는 공포
③ **결과 불안** 발표의 결과가 좋지 않으면 어쩌지 하는 불안

3가지가 서로 얽히고 중첩되어 심박수가 높아지고, 목소리가 떨

리며, 결국 자신감이 사라진다. 이런 불안은 없앨 수는 없지만 이해할 수는 있다. 두려움은 그 자체로도 하나의 신호이다. "이 말이 나에게 중요하다"라는 내면의 알람인 셈이다.

직업상 남들 앞에서 말을 많이 해야 하는 사람들도 무대 공포에서 완전히 자유롭지 못하다. 스티브 잡스는 기조연설 전날 반드시 혼자 남아 대본을 수십 번 반복했고, 연설 전에는 긴장한 듯 걷거나 손을 비볐다. 영국 배우 콜린 퍼스는 "연극 무대에 서기 전에는 늘 위가 아프다"라고 말했다. 미국의 전설적인 연설가인 마틴 루터 킹 목사조차 "나는 언제나 첫 문장을 말할 때까지 심장이 찢어질 것 같다"라고 고백했다. 그들은 모두 말을 잘하는 사람들이었지만, 두려움이 없는 것이 아니라 두려움과 함께 무대에 올랐던 사람들이다.

그렇다면 어떻게 해야 하는가? 답은 '극복'이 아니라 '조절'이다. 불안을 없애는 것이 아니라, 불안이 압도하지 못하도록 훈련하는 것이다. 그 방법은 의외로 구체적이고 실천적이다.

① **루틴 만들기** 말하기 전에 자신만의 루틴을 반복하면 몸과 뇌가 안정된다.(예 : 심호흡 3회, 손등을 가볍게 쥐기, 청중석에 앉아보기)

② **청중을 낯선 군중이 아니라 '그냥, 사람'으로 보기** 군중은 무섭지만, 한 사람은 친근하다. 발표 전 눈이 마주친 3명을 '대화 상대'로 정하라.

③ **'잘하려는 생각'을 줄이고 '전하고 싶은 마음'에 집중하기** "틀리지

말이 나를 바꾸고, 사람을 움직인다
말은 흘러가는 소리가 아니라 살아 움직이는 힘이다

우리는 '말'을 '정보 전달' 정도로 여긴다. 하지만 스피치는 단순한 전달을 넘어 사람을 변화시키는 힘을 가진다. 단 한마디가 마음을 흔들고, 한 문장이 인생의 방향을 바꾸며, 짧은 연설이 시대를 움직인 사례는 셀 수 없이 많다.

말은 공기 중에 흩어져 사라지는 것이 아니라, 사람의 마음속에 씨앗처럼 남아 살아 움직인다. 그 말이 감동으로 뿌리내릴지, 상처를 남길지는 어떤 마음으로 말했는가에 달려 있다.

말은 타인에게만 영향을 주지 않는다. 무엇보다 말은 '나' 자신을 바꾼다. 한 연구에서는 매일 아침 거울 앞에서 긍정적인 문장을 소리 내어 말하는 사람들의 스트레스 수치가 눈에 띄게 낮아지고, 자기효능감이 증가했다는 결과가 나타났다. 자기암시, 자기 격려, 감정 표현 등 '내가 나에게 하는 말'은 그 자체로 하나의 내면 설계 행위다.

실제로 말하기를 훈련하는 과정에서 자신감을 되찾거나 자신의 정체성을 다시 인식하게 된 사람들이 많다. 말하는 행위는 단순한 표현이 아니라 '자기 재구성'에 해당한다. 말은 곧 내가 어떤 존재로 살고 싶은가를 생각하게 만든다.

하지만 모든 말이 사람을 움직이는 것은 아니다. 말로 상대를 움직이려면 다음 3가지 요소가 동시에 작동해야 한다.

① **진심이 있어야 한다** '하고 싶은 말'보다 '해야 하는 말'을 하면 진심은 사라진다. 청중은 말의 논리보다 그 이면의 진심을 듣고 싶어 한다.

② **맥락을 읽어야 한다** 아무리 좋은 말도 '지금, 여기'와 맞지 않으면 공허하거나 귀에 거슬린다. 시의성과 상황 인식력이 있어야 설득력이 높아진다.

③ **말하는 이의 삶이 따라야 한다** 말은 결국 말하는 사람의 신뢰 위에 선다. 스스로 실천하지 않는 말은 감동을 줄 수 없다. 말하는 사람의 생애가 곧 그 말의 근거가 될 때 말의 힘을 발휘한다.

한 청년이 취업 면접을 망치고 자신감이 바닥난 상태로 강연장에 왔다. 그러자 강사가 말했다. "오늘 당신이 뭘 잃었는지는 중요하지 않습니다. 당신이 오늘 어떤 말을 듣고, 내일부터 어떤 말을 하느냐가 더 중요합니다."

그 말은 단순한 위로였지만, 청년은 그날 이후 자신에게 매일 이렇게 말했다.

"나는 나의 말로 나를 다시 세운다."

몇 년 뒤 그는 면접관으로 다른 청년들을 만나면서 같은 말을 전했다.

"말은 인생의 방향을 틀 수 있는 작은 핸들입니다."

말은 기록되지 않아도 남는다. 누군가의 말이 내 삶에 남아 있듯, 나의 말도 누군가의 삶에 남아 있을 것이다. 고작 한마디의 칭찬이었든, 무심코 던진 비난이었든, 우리는 매일 말로 흔적을 남긴다. 그러니 매 순간 스스로에게 물어야 한다.

'나는 어떤 말을 남기고 있는가?', '나의 말이 어떻게 기억되고 있는가?'

말의 힘은 나를 바꾸고, 사람을 움직이며, 때로는 시대를 이끈다. 내가 말한 한마디가 누군가의 마음에 어떤 흔적을 남길지, 그 무게를 기억하는 사람이 상대의 마음을 움직이는 말을 할 수 있다.

Gravitas

Originality

Logic

Delivery

Emotion

Narrative

2장

구조와 설계 –
내용은 어떻게 짤 것인가

말과 인격 - 화자의 신뢰

기원전 399년, 아테네 법정에 선 소크라테스는 젊은이들을 타락시켰다는 죄목으로 사형을 구형받았다. 그가 목숨을 부지할 방법은 있었다. 변명하거나 대중이 듣기 좋은 말을 했다면 형벌을 피할 수 있었다. 그러나 소크라테스는 끝내 타협하지 않았다. 그는 "나는 모른다는 것을 안다"라며 무지를 인정했고, "악법도 법이다"라는 태도로 판결을 받아들였다. 청중이 본 것은 논리 이전에, 말과 삶이 일치하는 그의 인격이었다. 그 진실함 때문에 소크라테스의 언어는 2천 년이 넘도록 살아남았다.

1987년, 한국 사회가 민주화를 외치며 요동칠 때, 명동성당을 가득 메운 군중 앞에서 김수환 추기경이 마이크를 잡았다. 긴장과 분노가 뒤섞인 밤, 그는 짧지만 울림 있는 한마디를 남겼다. "여러분, 미워하지 맙시다." 폭압의 시대, 청중이 원했던 것은 날 선 구호였을지 모른다. 그러나 추기경은 다른 길을 택했다. 그의 말에는 평생 약자를 감싸온 삶이 있었고, 바로 그 인격이 언어에 힘을 실어주었다.

소크라테스와 김수환, 시대와 문화는 달랐지만 두 사람의 말은 지금도 또렷한 울림을 남긴다. 신뢰는 화려한 수사가 아니라 그 말을 하는 사람의 인격에서 비롯된다. 그래서 스피치의 본질은 곧 "나는 어떤 사람인가?"라는 물음과 연결된다. 이 장은 그 오래된 진실에서 출발한다.

첫 문장으로 청중을 붙잡는 법
말의 시작은 강력한 낚시다

무대에 오르는 순간, 청중은 이미 우리를 평가하고 있다. 그들은 당신의 외모나 목소리보다 먼저 '첫 문장'을 듣고 당신의 말에 집중할지, 고개를 돌릴지 결정한다. 말의 시작은 강력한 낚싯줄이다. 낚싯줄을 깊고 탄탄하게 던지면 청중은 끝까지 따라온다. 하지만 흐릿하거나 길고 지루한 시작은 그들의 관심을 첫 문장과 함께 떠나보낸다. '첫 7초'의 법칙이 있다. 처음 몇 초 안에 각인되는 인상이 말 전체의 설득력을 결정한다는 심리학 이론이다. 말은 시작부터 이미 승부가 난다.

"안녕하십니까. 오늘 제가 드릴 말씀은……" 이렇게 시작하는 순간, 청중은 스마트폰을 꺼낼 확률이 높다. 평범한 말로는 청중의 귀를 사로잡지 못한다. '안녕하세요'가 단순한 인사라면, '후킹 오프닝 hooking opening'은 인생을 거는 말이어야 한다. 연설가들은 다음과 같은 방식으로 청중의 이목을 붙잡는다.

· **질문으로 시작하기** "여러분은 오늘 하루 동안 몇 번이나 진심

으로 말하셨습니까?"

· **이야기로 시작하기** "10년 전, 제가 지하철에서 겪은 일입니다."

· **놀라운 통계나 사실로 시작하기** "우리의 하루 평균 대화 시간은 단 8분이라는 사실, 알고 계셨습니까?"

· **유머로 시선 끌기** "오늘 제가 이 자리에 선 건, 누군가의 실수 덕분입니다."

연설의 오프닝은 단순한 시작이 아니다. 때로는 짧은 한마디가 역사의 불씨가 된다. 1955년 미국 앨라배마주 몽고메리에서 흑인 여성 로자 파크스는 버스에서 자리를 양보하라는 요구를 거부하며 조용히 말했다.

"나는 일어서지 않을 겁니다."

그 한마디는 미국 전역의 인권 운동에 불을 붙였다.

1910년 덴마크 코펜하겐에서 열린 국제여성회의에서 독일의 혁명가 클라라 젯킨은 이렇게 선언했다.

"여성의 권리는 단지 여성만의 문제가 아니라 모든 인류의 문제입니다."

이 짧은 말은 '세계 여성의 날'을 탄생시켰고, 전 세계 여성 해방 운동의 출발점이 되었다.

1970년 우리나라의 평화시장에서 젊은 노동자 전태일은 절규하듯 외쳤다.

"근로기준법을 준수하라!"

그의 한마디는 민주화 운동과 노동운동의 불씨가 되었다.

이처럼 오프닝은 단순히 흥미를 끄는 장치가 아니다. 로자 파크스의 고백, 젯킨의 선언, 전태일의 외침처럼, 단 한 줄의 말이 군중의 마음을 흔들고 역사를 움직인다. 좋은 오프닝은 본론을 압축한 불씨이며, 끝까지 메시지를 이끌어가는 힘이다. 좋은 오프닝은 말 전체의 설계를 예고하는 문이다. 가볍게 여는 그 한마디가 마지막까지 메시지를 끌고 간다.

많은 사람들은 무대 위에 올라선 순간 "내가 어떻게 보일까"에 집중한다. 하지만 진짜 시작은 청중의 입장에서 이루어져야 한다. 그들이 궁금해할 말, 듣고 싶은 말, 혹은 아직 듣지 못한 말로 시작할 때, 청중은 '이건 내 이야기다'라고 느낀다. 즉, 좋은 오프닝이란 내가 준비한 문장이 아니라, 청중이 기다리던 문장이다. '공감의 언어, 맞춤의 언어, 타이밍의 언어' 이 3가지가 갖춰진 첫 문장은 단순한 인사가 아니라 이야기의 문지방이 된다.

연설의 첫마디는 전체 메시지를 예고하고 청중의 마음을 여는 관문이다. 준비된 메시지로 청중의 관심과 공감을 한순간에 끌어내야 한다.

효과적인 오프닝을 준비하는 5가지 팁

① **목적을 먼저 정리하라.**

연설의 목적을 글로 써보고, 그 핵심을 10초 안에 요약해보라. 시작은 이 핵심을 끌어내는 발화점이어야 한다.

② **청중을 조사하라.**

청중의 연령, 관심사, 직업군에 따라 공감하는 문장이 달라진다.

③ **진심을 점검하라.**

진심은 오프닝에 담기 가장 쉬우면서도 가장 강력한 감정이다. 이를 위해 "나는 왜 이 말을 하고 있는가?"를 자문해보라.

④ **한 문장으로 시작하라.**

긴 설명보다 한 문장이 강력한 연설을 예고한다.

⑤ **현장에서 조율하라.**

준비한 문장이라도 분위기와 맞지 않으면 수정해야 한다. 현장 감각에 따라 톤과 길이를 조절하는 유연성이 필요하다.

첫 문장에서 이미 모든 것이 드러난다. 이 이야기를 꼭 전하고 싶다는 의지, 청중과 연결되고 싶다는 마음, 그리고 그날의 '나'라는 사람. 당신의 첫 문장이 청중의 마음을 열 수 있다면, 스피치는 이미 절반은 성공한 것이다.

'서론-본론-결론'은 통하지 않는다
직선형 구조에서 탈피하라

학교에서 글쓰기와 발표를 배울 때 '서론-본론-결론'이라는 3단 구성을 기본으로 익힌다. 하지만 지금의 청중은 이 단순한 틀에 오래 머물지 않는다. 왜일까? 정보가 넘쳐나는 만큼 집중력은 줄어들기 때문이다.

디지털 환경에서 자란 청중은 처음 몇 분 안에 핵심을 파악하지 못하면 곧바로 관심을 끊는다. 따라서 말의 구조가 변화해야 한다. 단순한 직선형 말하기가 아니라, 보다 유연하고 입체적인 구성, 그리고 청중 중심의 설계가 필요하다.

청중은 논리보다는 흐름, 사실보다는 장면, 나열보다는 연결을 원한다. '서론-본론-결론' 구조는 논리적이지만 사람의 뇌 구조와는 맞지 않는다. 신경과학에 따르면, 사람은 이야기를 들을 때 감정과 기억을 담당하는 뇌 부위가 활발하게 반응하고, 단순한 정보만 들을 때보다 주의 지속 시간이 3배 이상 길어진다고 한다. 말하기는 청중의 뇌 속에서 이해되고 작동되어야 한다. 즉, 뇌가 기억하기 쉬운 방식, 이야기처럼 흐르고 그림처럼 남는 구조가 필요하다.

구조는 '논리'가 아니라 '경험'으로 설계하라

이제 스피치 구조는 '논리적 흐름' 중심이 아니라 청중의 경험과 인지 흐름에 맞춰야 한다.

예를 들어 다음과 같은 패턴을 생각해보자.

① 몰입 – 상황을 제시하여 청중의 주의를 끈다.
"지난 주말, 지하철에서 한 장면을 목격했습니다."
② 공감 – 청중이 '나도 저랬지' 하고 연결되게 한다.
"누군가 말하려다 입을 닫았고, 사람들은 그냥 지나쳤습니다."
③ 질문 – 생각할 틈을 준다.
"왜 우리는 말보다 침묵을 선택할까요?"
④ 핵심 메시지 – 말하고자 하는 본론을 던진다.
"오늘의 주제는, 말이 멈추는 순간 세상도 멈춘다는 것입니다."

서론 – 본론 – 결론의 구조와 비슷해 보이지만 '몰입 → 공감 → 질문 → 핵심 메시지'는 청중 중심의 흐름으로 이루어져 있다.

순서가 아니라 흐름이다

좋은 스피치는 반드시 '서론 – 본론 – 결론'으로 이루어져야 한다고 생각하는가? 그렇지 않다. 중간에 핵심 메시지가 먼저 나와도 되고, 결론으로 출발해서 과정을 회상형으로 전개해도 된다.

예를 들어 '도전의 의미'에 대해 말한다면 이렇게 시작할 수도 있다. "그 도전은 결국 실패로 끝났습니다. 하지만 그날 이후, 나는 다시 살아갈 수 있게 되었습니다."

결론부터 시작하는 '반전형 구조'는 청중의 호기심을 끌어당긴다. 결국 중요한 것은 '순서'가 아니라 '흐름'이다. 청중의 주의를 끌고, 그들의 감정을 따라가며, 마침내 메시지에 도달하는 이야기식 설계가 필요하다.

구조는 외워지는 것이 아니라 느껴지는 것이다

많은 사람들이 스피치 구조를 암기하려 한다. '서론에선 이 말, 본론에선 저 말, 결론에선 이런 문장' 식으로 형식을 맞추면 청중도 '암기'처럼 느낀다. 진짜 구조는 청중의 뇌와 가슴속에서 자연스럽게 흘러야 한다. 논리적 틀보다는 이야기와 질문, 장면과 감정이 엮이듯 흐르는 것이 좋은 스피치다. 청중의 마음 안에서 하나의 경험이 될 때 말은 설득을 넘어 감동으로 이어진다.

말의 구조는 틀이 아니라 흐름이다. 고정된 세 칸짜리 상자에서 벗어나 청중의 감정과 생각이 따라올 수 있는 길을 그려라. 말은 전달이 아니라 동행이다. 그 여정을 어떻게 설계할 것인지가 스피치의 진짜 구조다.

이야기, 구조, 전환의 3대 설계 원리
말의 흐름은 설계되는 것이다

말도 건축물처럼 '뼈대'가 있다. 내용이 아무리 좋아도 뼈대가 없으면 메시지는 흔들리고 청중은 길을 잃는다. 많은 사람들이 말이 '흩어진다'는 문제를 겪는다. 처음엔 괜찮은 것 같다가도 중간에 방향이 사라지고, 제자리를 맴도는 듯한 인상을 준다. 이유는 간단하다. 이야기의 구조, 흐름의 설계, 명확한 전환이 빠졌기 때문이다.

강한 스피치는 다음 3가지로 구성된다.

이야기 Story   청중을 끌어당기는 감정의 바탕
구조 Structure   메시지를 따라가게 만드는 논리의 뼈대
전환 Transition   흐름을 놓치지 않는 방향표

이 3가지는 말이라는 여정을 함께 완성하는 지도와 같다.

이야기 : 스피치의 심장

사람들은 이야기를 들었을 때 더 쉽게 집중하고, 그 속에서 의미를

말아야지"라는 생각이 긴장을 부른다. 대신 "이 이야기를 꼭 전하고 싶다"로 마음을 전환하면 목소리의 방향이 달라진다.

④ **간단한 말, 짧은 말부터 시작하기** 연단에서 처음 내뱉는 한마디는 완벽한 문장이 아니라, '숨 같은 말'이어야 한다. "긴장되네요", "만나서 반갑습니다" 같은 한마디가 얼어붙은 자신을 말의 길로 이끌어준다.

두려움은 인간의 본능이다. 그것을 억누를수록 더 커지고, 감추려 할수록 더 드러난다. 그러니 숨기지 말고 드러내되 다스려라.

한번은 한 CEO가 강연 도중 이렇게 말했다. "사실 지금도 떨립니다. 하지만 제가 왜 이 자리에 섰는지를 생각하면 말하지 않을 수 없습니다." 그 말 한마디가 강연 전체를 바꿔놓았다.

청중은 '완벽한 연설가'보다 '두려움 속에서 용기를 낸 사람'에게 감동한다. 말은 강해 보여야 하는 것이 아니라, 진심이 느껴져야 하는 것이다.

스피치 불안을 없애려고 하지 마라. 그 감정은 당신이 사람이라는 증거이며, 말에 진심이 담겨 있다는 표현이다. 두려움을 부정하지 말고, 그 떨림 위에 당신의 진심을 얹어서 말하라. 그런 말이야말로 사람을 움직인다.

찾으려고 한다. "저는 오늘 '리더십'에 대해 말하겠습니다"라는 문장보다 "한때 실패했던 리더가 있었습니다. 그는 자신이 옳다는 주장으로 사람들을 몰아붙였고, 결국 누구도 그의 말을 듣지 않게 되었죠."

이런 이야기는 청중의 뇌와 감정을 동시에 자극한다. 스토리텔링은 단순한 장식이 아니다. 이야기는 스피치의 심장이자, 청중을 움직이는 핵심 장치다.

좋은 이야기에는 다음의 요소가 있다.

- 구체적인 장면
- 감정의 흐름
- 질문 또는 반전
- 메시지와의 연결

이야기는 독립된 콘텐츠가 아니라, 말 전체를 지탱하는 감정의 흐름이자 기억의 틀이다.

구조 : 메시지를 따라가게 만드는 설계도

구조 없이 이야기만 많으면 스피치는 산만해진다. 구조는 내용을 어떻게 배열할 것인가에 대한 전략이다. 대표적인 구조의 예는 다음과 같다.

· 문제 – 원인 – 해결

· 사건 – 해석 – 의미

· 질문 – 탐색 – 발견

예를 들어 환경보호를 주제로 연설할 때 다음과 같이 전개할 수 있다.

① "우리는 매일 1억 개의 일회용 컵을 쓰고 있습니다."(문제)
② "그 이유는 편리함이 습관이 되었기 때문입니다."(원인)
③ "이제 바꿔야 합니다. 작지만 실천할 수 있는 대안을 시작해야 합니다."(해결)

이처럼 구조는 청중이 이해할 수 있도록 문장을 설계하는 것이다. 말은 점이 아니라 선으로 이어져야 청중이 그 선을 따라 생각하고, 감동하며, 설득된다.

전환 : 말과 말 사이의 다리

훌륭한 스피치는 끊김이 없다. 말이 자연스럽게 다음 이야기로 흘러간다. 이 '흐름의 매듭'이 바로 전환이다. 전환이 어색하면 청중은 "무슨 얘기를 하다 이 이야기를 하는 거지?" 하며 집중력을 잃는다. 전환에는 다음과 같은 기법이 있다.

· **요약 후 다음 주제 예고**

"이제까지 말한 3가지 이유를 기억해주시고, 다음은 이에 따라 생긴 새로운 변화에 대해 말씀드리겠습니다."

· **질문으로 전환 유도**

"그렇다면 왜 이런 일이 계속 반복되는 걸까요?"

· **비유나 이미지로 연결**

"마치 두 강이 만나 하나의 큰 강이 되듯, 지금부터 말씀드릴 이야기는 앞선 사례와 연결됩니다."

전환은 단지 문장 연결이 아니라, 청중의 집중을 유지하는 고리다.

이야기만 있어도 안 되고, 구조만 있어도 부족하고, 전환만 있어도 깊이가 없다. 3가지가 하나의 톱니처럼 맞물릴 때 말은 생명력을 갖는다.

한 청년이 TEDx 강연에서 창업 실패의 경험을 이야기했다. 이야기로 청중을 끌어당기고, '문제 – 교훈 – 제안' 구조로 명확하게 정리했으며, 모든 부분이 자연스럽게 전환되었다. 강연은 그날의 가장 강력한 메시지였다는 평가와 함께 SNS에서 수십만 조회 수를 기록했다. 말은 설계되어야 한다. 그저 흘러나오는 것이 아니라 들어줄 만한 구조로 '지어야' 한다.

좋은 말은 단지 잘 쓰인 문장의 모음이 아니다. 말은 설계되어야 한다. 이야기로 마음을 열고, 구조로 생각이 따라오게 하며, 전환으로 집중을 유지할 때, 청중의 인생에 오래 남는다. 말은 생각을 담는 그릇이 아니라, 청중과 동행하는 하나의 길이다. 그 길은 '설계' 없이 생기지 않는다.

논리와 감정이 함께 흐르는 스피치

머리를 설득하고, 가슴을 움직여라

사람은 논리로 생각하고 감정으로 행동한다

말은 '이성'의 영역일까, '감정'의 영역일까? 둘 다 해당한다. 사람은 논리를 통해 이해하지만, 감정을 통해 믿고 움직인다. 스피치의 목적이 단지 정보를 전달하는 것이라면 논리만으로 충분할지 모른다. 그러나 청중을 감동시키고 설득해서 변화를 끌어내려면, 논리와 감정이 반드시 함께 흘러야 한다.

"당신이 옳다는 건 알겠는데, 왠지 그 말은 듣고 싶지 않아." 이런 반응은 논리는 있지만 감정이 없는 스피치와 같다.

감정 없이 논리만 있으면 메아리가 된다. 히틀러의 연설은 강한 감정을 자극했지만, 논리적 진실은 왜곡되어 있었다. 그의 말은 사람들을 열광시키고 움직였지만, 결국 파괴와 혐오를 불러왔다. 반대로 어떤 교수는 완벽한 논리로 구성된 강의를 했지만 학생들의 머릿속에는 아무것도 남지 않았다. 왜일까? 감정이 흐르지 않았기 때문이다. 논리는 믿음을 쌓고, 감정은 그 믿음을 살아 움직이게 한다. 논리가 없는 감정은 위험하고, 감정이 없는 논리는 무력하다.

좋은 스피치는 '감정의 통로'를 만든다

"그 말이 왜 그렇게 와닿았는지 모르겠어요"라는 반응이 나오는 경우가 있다. 그 말이 감정의 통로를 뚫었기 때문이다. 감정의 통로를 만드는 방법에는 여러 가지가 있다.

이야기 삽입 감정이 실린 구체적인 사례나 장면
감정의 언어 선택 '이해합니다' vs. '당신이 그 일을 겪고 얼마나 가슴 아팠을지 짐작도 안 됩니다.'
음성과 속도 속도를 늦추고, 침묵을 넣고, 목소리의 떨림을 숨기지 않을 때 감정이 전달된다.
시선과 호흡 청중의 시선과 호흡을 맞출 때 마음도 함께 움직인다.

말은 감정을 실어 나르는 배다. 그 배가 어디로 향하는가는, 말하는 사람의 진심에 달려 있다.

논리와 감정을 엮는 3단 구성

논리는 말의 기둥이다. 말이 흔들리지 않게 지탱해주는 힘이다. 데이터, 원인 – 결과, 인과관계, 정의와 분석은 모두 논리의 요소다. 감정은 말의 다리다. 청중과 나 사이를 연결해주는 통로이다. 공감, 유머, 절박함, 침묵, 간절함……, 이 모든 것이 감정의 요소다. 좋은 스피치에는 논리로 세운 기둥과 감정으로 건너는 다리가 함께 있어야 한다.

예를 들어 '기후 위기'를 주제로 말한다면, 논리와 감정이 함께 흐르는 말은 다음과 같이 구성될 수 있다.

① 사실의 제시 – 논리
"지구의 평균온도는 100년 사이 1.2도 올랐고, 2050년까지 3도 상승이 예상됩니다."

② 이야기의 삽입 – 감정
"지난달 파키스탄에서는 50도가 넘는 폭염으로 노숙자 수십 명이 목숨을 잃었습니다. 그중엔 어린아이도 있었습니다."

③ 메시지의 호출 – 행동
"기후 위기는 숫자의 문제가 아닙니다. 그 숫자 뒤에는 얼굴이 있고, 가족이 있고, 생명이 있습니다. 이제는 행동해야 합니다."

이처럼 '논리 – 감정 – 행동'으로 이어지는 흐름은 청중의 생각과 마음, 그리고 움직임까지 이끌어낸다.

스피치의 힘은 균형에서 나온다. 논리로 설득하고, 감정으로 마음을 움직이고, 행동으로 이어지는 길을 열 때, 말은 진짜 힘을 갖는다. 말은 논리의 도구가 아니라, 사람의 마음으로 향하는 다리다. 그 다리를 건너는 순간 사람은 변화하기 시작한다.

Gravitas

Originality

Logic

Delivery

Emotion

Narrative

3장

표현과 전달 – 말을 어떻게 전할 것인가

말은 화살과 같다

1986년 4월, 체르노빌 원전에서 폭발이 일어났을 때, 소련 정부는 즉각적인 사실 공개를 회피했다. "문제는 없다"는 짧은 성명만 흘러나왔고, 관영 언론은 입을 다물었다. 그러나 방사능은 이미 국경을 넘어 유럽 전역으로 퍼지고 있었고, 스웨덴에서 먼저 이상 수치를 감지해 세상에 알려졌다. 국민은 말이 아니라 갑작스러운 대피령과 검문소를 통해 진실을 알게 되었다. 그날 이후 정부의 언어는 공허한 메아리로 전락했고, 고르바초프 정권은 아무리 개혁을 외쳐도 신뢰를 회복하지 못했다. 책임 없는 언어는 사람들의 삶을 더욱 위태롭게 만들었다.

한국 사회에도 비슷한 장면이 있었다. 2014년 세월호 참사 직후, 국민은 분노와 절망에 빠졌다. 사고 원인과 구조 상황을 두고 정부는 엇갈린 해명을 내놓았고, 사실과 어긋난 말들이 불신을 키웠다. 그 와중에도 몇몇 교사와 시민 대표들은 희생자 가족 앞에 나와 울먹이며 말했다. "우리는 끝까지 함께하겠습니다." 그 짧은 문장은 정책을 바꾸진 못했지만, 책임을 회피하지 않는 언어가 어떻게 상처받은 마음을 무너지지 않게 붙들 수 있는지를 보여주었다.

말은 화살과 같다. 한번 놓아버리면 다시 거둘 수 없고, 그 궤적은 곧바로 상대의 가슴을 꿰뚫는다. 책임 없는 언어는 불신과 상처를 남기지만, 책임 있는 언어는 무너진 공동체를 다시 잇는 다리가 된다. 이 장은 바로 그 언어와 책임의 무게를 탐구한다.

말의 분위기를 만드는 요소들
말은 말투와 몸짓까지 포함된다

대부분의 사람들은 연설이나 발표를 준비할 때 '내용'에만 집중한다. 하지만 실제로 청중이 기억하는 것은 무슨 말을 했는가보다 어떻게 했는가다. 말은 본질적으로 '소리'다. 그 소리에 억양, 강세, 속도, 리듬, 침묵, 감정이 담겨 있다. 같은 문장도 음성에 따라 전혀 다른 인상을 준다.

"지금 시작하겠습니다"라는 말을 차분하고 또렷하게 말하면 기대감을 주지만, 작고 불안한 목소리로 말하면 청중은 '자신감 없다'는 것을 감지한다. 말은 텍스트가 아니라, 살아 있는 음성이다.

억양과 리듬이 말의 생명력이다

음성의 핵심 요소는 억양intonation과 리듬rhythm이다. 2가지가 적절히 어우러지면 말은 지루하지 않고, 리듬 있는 메시지로 청중의 집중을 유도한다. 실제로 말을 잘하는 사람은 말의 높낮이와 속도를 상황에 따라 유연하게 조절하고, 중요한 문장에서 의도적으로 멈춘다(침묵). 예를 들어 "여러분, 이 말은……, 꼭 기억하셔야 합니다"에서 잠시 멈추는 것은 강조와 주목을 위한 장치다.

단조로운 말은 정보가 아니라 소음이고, 리듬이 있는 말은 이야기처럼 흐른다.

말은 입으로만 하는 것이 아니다. '몸짓'으로 말하는 것이 바로 비언어적 표현이다.

- **눈빛**은 신뢰의 시작이다. 눈을 맞추면 청중과 연결되고, 회피하면 단절된다.
- **표정**은 감정의 거울이다. 말의 내용과 표정이 일치하지 않으면 청중은 본능적으로 불신한다.
- **손짓**은 강조의 도구다. 너무 크면 부담스럽고, 너무 작으면 전달되지 않는다. 핵심 메시지마다 하나의 손동작을 더해보라.
- **자세**는 말의 바탕이다. 어깨가 구부정하거나 몸이 흔들리면 말의 무게도 떨어진다.

말은 귀로만 듣는 것이 아니다. 청중은 말하는 사람 '전체를 받아들이며 듣는다.' 그래서 말하는 사람의 분위기가 청중의 태도를 결정한다. 동일한 발표 내용을 단조로운 목소리로 말하면 '정보 전달'로 끝나지만, 다채로운 음성과 몸짓, 적절한 감정 표현이 더해지면, 청중은 그것을 '이야기'로 기억한다.

말하는 사람의 분위기가 따뜻하면 청중은 그 말에 따뜻하게 반응하고, 말하는 사람이 긴장하면 청중도 불편해한다. 말하는 사람의 감정은 분위기를 타고 청중에게 전염된다.

표현력은 '재능'이 아니라 훈련이다

"나는 원래 목소리가 작아서요." "표정이 굳어서 발표가 어려워요." 많은 이들이 표현력은 타고나는 것이라고 생각한다. 그러나 훈련으로 표현력을 높일 수 있다. 다음 4가지만 반복해도 표현력은 눈에 띄게 달라진다.

- 자신의 음성을 녹음해서 들어본다.
- 거울 앞에서 말해보며 눈과 표정을 점검한다.
- 발표 전 루틴을 통해 긴장을 푼다.
- 의미 있는 문장에 '쉼표'를 넣는다.

표현이 진심을 싣는 그릇이라면, 그 그릇은 갈고닦는 만큼 단단하고 투명해진다.

말은 단순한 문장이 아니다. 말의 온도, 질감, 공기, 리듬까지 포함된 하나의 '분위기'다. 스피치에서 표현은 전체 메시지를 담는 그릇이다. 어떻게 말하는가가 결국 '어떤 사람인가'를 결정짓는다.

바디랭귀지, 눈 맞춤, 침묵의 기술
말없는 표현이 스피치를 완성한다

'말을 잘한다'고 하면 흔히 입으로 내는 소리만을 생각한다. 하지만 실제로 청중이 가장 민감하게 인식하는 건 '몸'이다. 몸의 움직임, 눈의 방향, 손의 위치, 얼굴 표정은 말보다 먼저, 그리고 더 강하게 메시지를 전한다. 심리학자 앨버트 메라비언의 연구에 따르면, 청중이 말을 통해 받는 인상 중 55%는 시각적 요소(몸짓과 표정), 38%는 청각적 요소(어조, 속도), 단 7%만이 단어라고 한다.

'말의 내용이 같다고 했을 때 단어의 차이는 고작 7%라는 뜻이다. 아무리 고급스러운 단어를 사용하고 그 상황에 맞는다 해도, 비언어적 표현이 뒷받침되지 않으면 메시지의 전달력은 미미하다.

바디랭귀지-말의 물리적 강조 장치

바디랭귀지body language는 말의 그림자이자 증폭기다. 적절한 동작은 청중의 시선을 끌고, 중요한 메시지를 강조하며, 말하는 사람의 신뢰를 높여준다. 다음은 효과적인 바디랭귀지의 기본 원칙이다.

- **열린 자세** 팔짱을 끼거나 주머니에 손을 넣는 것은 단절을 초래한다. 손바닥을 보이며 말할 때 신뢰도가 높아진다.
- **핵심과 손동작** 핵심 메시지를 말할 때 특정 손짓(검지로 가리키거나 펼친 손 등)을 사용하면 청중은 자연스럽게 그 구간에 주목한다.
- **과도함의 배제** 손동작이 지나치게 많거나 과장되면 주의가 분산된다. 중요한 말 앞에서는 오히려 멈추는 것이 더 효과적이다.

바디랭귀지는 연습을 통해 '몸의 언어'가 된다. 의식적으로 사용하면 어색하지만 반복된 훈련으로 자연스럽게 표현할 수 있다.

눈 맞춤-청중과 연결되는 순간

눈은 마음의 창이다. 눈을 마주친다는 것은 단순히 시선을 맞추는 것이 아니라 "당신을 보고 있습니다"라는 메시지를 건네는 행위다. 효과적인 눈 맞춤에는 몇 가지 규칙이 있다.

- **한 사람을 오래 응시하지 말 것** 2~3초 간격으로 다른 청중에게 시선을 옮겨야 '모든 청중에게 말하고 있다'는 인상을 준다.
- **시선의 깊이와 각도 조절** 너무 위를 바라보면 공허하게 들리고, 너무 아래를 보면 자신감이 없어 보인다. 수평으로 바라보는 것이 가장 안정적이고 신뢰를 준다.
- **온라인에서는 '카메라 렌즈'를 청중처럼 바라볼 것** 화면을 바라보

면 눈을 맞추는 효과가 떨어진다.

눈은 말의 진심을 옮기는 통로다. 당신의 시선이 흔들릴 때 청중의 마음도 흔들린다.

침묵-가장 강력한 비언어

침묵은 말의 부재가 아니다. 침묵은 가장 강력한 메시지를 준비한다는 의미다. 많은 사람들이 침묵을 두려워한다. '침묵이 생기면 청중이 지루해할까 봐', '끊김이 어색하게 느껴질까 봐' 무조건 말로 채우려고 한다. 그러다 보면 긴장된 목소리, 가쁜 호흡, 산만한 흐름이 나타날 뿐이다. 반대로 잘 배치된 침묵은 다음과 같은 효과를 발휘한다.

- **강조** "여러분, 이건…… 정말 중요한 이야기입니다." 이 짧은 쉼은 다음 말을 주목하게 만든다.
- **감정의 여운** 감동적이거나 진지한 이야기를 마친 후, 짧은 침묵은 청중이 감정을 곱씹을 시간을 준다.
- **자신감의 표현** 말을 멈추고 청중을 바라볼 때, 그 침묵은 '말하지 않아도 되는 믿음'을 전한다.

침묵은 두려움의 결과가 아니라, 통제된 전략이자 말의 쉼표다.

스피치를 마친 후, 청중이 기억하는 것은 꼭 문장이나 어휘가 아니다. 어떤 순간의 표정, 손짓, 침묵이 그날의 감정을 통째로 남기는 경우가 많다. 예컨대 발표를 마치고 무대 앞에서 고개를 숙이며 한마디 던지는 "감사합니다", 그 짧은 순간의 눈빛과 자세는 연설 전체보다 더 오래 남을 수 있다. 말로 모든 것을 표현할 수는 없다. 말로 못다한 것을 비언어가 대신한다.

스피치는 입으로 하는 것이 아니라, 몸 전체로 전하는 예술이다. 바디랭귀지, 눈 맞춤, 침묵은 그 어떤 문장보다 더 강한 메시지를 전한다. 말을 멈춘 순간, 움직임을 멈춘 순간조차 청중은 당신을 보고, 듣고, 느낀다.

즉흥 상황, 돌발 질문, 방해 청중 대처법
스피치는 '무대의 위기관리'다

완벽하게 원고를 외우고도 무대에 올라가면 예상치 못한 일이 생긴다. 프로젝터가 꺼지거나, 마이크가 울리거나, 청중이 돌발적인 질문을 던지거나, 웃지 않아야 할 곳에서 웃거나……. 무대 위에서 말하는 사람은 연기자이자 위기관리자다. 예상된 흐름만 고수하면 흐트러지기 쉽고, 즉흥적인 대응력이 없으면 생기를 잃는다. 청중은 '내용'보다 '대처하는 태도'를 먼저 본다는 것을 기억하라.

즉흥 발언의 기본은 '틀을 유지하는 것'

즉석에서 말해야 할 때, 가장 중요한 것은 전체 맥락을 잊지 않는 것이다. 즉흥 발언이라 해도, 지금까지 말해왔던 흐름 위에 있어야 하고, 전체 메시지의 골격을 해치지 않아야 한다.

다음은 즉흥 발언을 위한 3단계 구조다.

① **받아주기** 질문이나 상황을 인정하고 공감한다.
"그런 질문이 나올 줄 알았습니다."

"맞습니다. 지금 중요한 지적을 해주셨습니다."

② **핵심만 말하기** 짧고 명료하게 말한다.

"한마디로 말하면 이렇습니다." "요약하자면, 핵심은 3가지입니다."

③ **전체로 복귀하기** 흐름으로 되돌아간다.

"이제 원래 주제였던 ○○ 이야기로 돌아가보겠습니다."
"이 지점에서 오늘 제가 강조하려는 주제를 다시 생각해보면……."

즉흥은 '계획의 포기'가 아니라 '계획에 유연함을 더하는 것'이다.

질문은 크게 두 종류로 나뉜다. 첫째는 궁금해서 묻는 호의적 질문, 둘째는 흠을 잡거나 논쟁하려는 공격적인 질문이다. 첫 번째는 감사히 받고 정중하게 답하면 된다. 문제는 두 번째다.

공격적 질문에 대처하는 3가지 전략

① **질문을 되물어서 명확하게 이해한다.**

"그 질문의 요지는 ○○라는 뜻인가요?"
"좀 더 구체적으로 어떤 부분이 궁금하신가요?"

② **공감을 표현하되 핵심으로 되돌린다.**

"그럴 수도 있다는 의견, 이해합니다. 다만 제가 드린 말씀은 이런 맥락이었습니다."

③ **청중 전체를 바라보며 이야기를 전환한다.**

"좋은 질문이었습니다. 지금, 이 주제에 대해서는 다양한 시선이 존재하는데, 이 시점에서 제가 강조하고 싶은 건……."

이때 핵심은 감정적으로 반응하지 않는 태도다. 방어하거나 흥분하면 청중은 논리보다 태도에 반응한다.

방해하는 청중에게 대처하는 법

스피치 현장에서 가장 어려운 청중은 '불필요한 말로 끼어들기', '의도적 웃음 유발', '딴짓, 잡담, 스마트폰 사용' 등이다.

이럴 때는 대개 2가지 극단적인 반응을 하기 쉽다. 첫째는 무시하고 계속 말하는 것이다. 하지만 이러면 전체 분위기가 어색해진다. 두 번째는 직접 제지하는 것이다. 이 경우는 발표자가 긴장하거나 분위기가 굳어진다. 그럴 땐 다음과 같이 해보라.

· **전체를 향한 유쾌한 한마디**

"다양한 반응이 있어야 더 좋은 시간이 되겠죠?"

(방해자를 직접 지적하지 않으면서 분위기 전환)

· **스태프에게 도움 요청**(강의나 공식 행사의 경우)

발표자 스스로 제지하는 것보다 운영자가 자연스럽게 조정하는 편이 훨씬 부드럽다.

· **말을 끊고 시선으로 조용히 압박**

중단 없이 방해자 쪽을 바라보며 시선을 멈추는 것만으로도 많은 메시지를 전할 수 있다.

말하는 사람은 '설득자' 이전에 '분위기의 지휘자'다.

즉흥 상황, 돌발 질문, 방해 청중…… 이런 모든 위기 속에서 가장 중요한 건 중심을 잃지 않는 것이다. 때론 잠시 멈춰도 된다. 한숨을 쉬거나, 물을 한 모금 마시거나, 작은 실수를 인정하고 웃을 수도 있다. 중요한 건 그다음이다. 당신이 그 상황을 어떻게 회복하느냐가 청중의 마음에 오래 남는다. 스피치는 실수가 없는 공연이 아니라 실수를 '연결'로 바꾸는 인간적인 드라마다.

스피치는 계획대로 흘러가지 않는다. 예측할 수 없는 순간이 오히려 진짜 말하기의 시작이다. 즉흥 상황은 두렵지만 그것을 받아들이고 활용할 때 당신은 '연설자'를 넘어선 '청중의 파트너'가 된다.

자신감, 연습이 아니라 훈련이다
자신감은 타고나는 것이 아니라 '만들어지는' 것이다

"어떻게 하면 자신감을 가질 수 있을까요?" 스피치 교육에서 가장 자주 듣는 질문이다. 정답은 간단하다. 자신감은 무대에서 얻는 게 아니라 무대를 준비하는 과정에서 쌓인다.

무대에 오르는 순간, 실제로 작동하는 것은 '감정'이 아니라 '몸에 익은 준비'다. 자신감이란 '두려움이 없는 상태'가 아니다. 두려움에도 불구하고 움직일 수 있는 힘이다. 그 힘은 준비된 사람만이 가질 수 있다.

연습practice은 '시뮬레이션'이고, 훈련training은 '반복을 통한 체화'다. 스피치는 연습만으로는 부족하다. 몸이 기억해야 무대에서 제대로 표현할 수 있다.

실전 감각을 익히기 위한 훈련법
· **전신을 사용하는 리허설**
원고만 읽는 연습은 '지식의 반복'에 불과하다. 반드시 일어서서 손짓과 표정까지 반복하며 연습하라.

· 녹화 후 피드백

자신의 말하기를 영상으로 보고, 표정, 속도, 톤, 흐름을 점검하라. 이 과정을 통해 가장 빠르게 성장한다.

· 제한된 시간 내에서 말하기 훈련

5분, 3분, 1분…… 제한 시간 안에 핵심을 말하는 훈련은 메시지를 구조화하고 긴장 상황에 대비하기 위한 것이다.

· 낯선 환경에서 발표 연습

집, 강의실, 카페, 회의실 등 다양한 소음과 시선 속에서 발표하는 연습이 실제 무대의 긴장에 가장 가깝다. 이런 훈련은 실력을 높이기보다 '실력을 꺼내는 능력'을 키운다.

무대에 오르기 전, 손이 떨리고, 가슴이 뛰고, 머릿속이 하얘진다. 이런 신체 반응은 당신이 연설을 중요하게 생각하고 있다는 증거다. 전문 연설가들 역시 긴장한다. 다만 그 긴장에 압도당하지 않고 '활용'할 줄 아는 것이다.

무대 공포를 다스리는 실전 팁

· 무대에 오르기 10분 전, 깊은 호흡 3회

복식호흡은 심박수를 안정시키고 생각을 정리한다.

· 자신이 반복한 훈련을 상기하기

"나는 충분히 준비했고, 이 무대를 감당할 수 있다." 훈련된 기억은 스스로를 믿게 만든다.

· **시작 전, 천천히 둘러보기**

무대에 오르기 전에 주변을 관찰하면, 무대가 '낯선 적'이 아니라 '익숙한 환경'으로 인식된다.

· **첫 문장은 외우지 말고 '익숙하게 말하기'**

암기한 문장은 틀리면 당황한다. 대신 말하듯이 자연스럽게 시작하면 흐름이 살아난다.

무대는 긴장되는 장소가 아니라, 당신의 메시지가 살아 숨 쉬는 장이다.

자신감은 결국 '축적된 경험'에서 나온다

한두 번의 발표로는 자신감을 얻기 어렵다. 작은 무대라도 반복된 경험이 쌓여야 '무대가 내 자리'라는 내면의 확신이 생긴다.

- · 동아리 모임 발표
- · 직장 회의 발언
- · 강연 중 짧은 코멘트
- · 온라인 영상 촬영
- · 친구들과 발표 리허설

이 모든 것이 축적되면, 무대 위에서 긴장도는 줄어들고, 실제 청중과의 상호작용이 가능해진다. 자신감은 특별한 순간이 아니라, 작은 반복 속에서 자란다.

자신감이란 결국 자기 신뢰다. '나는 할 수 있다'는 믿음은 '나는 준비되었다'는 근거에서 나온다. 무대 위에서 떨리는 순간, 스스로에게 이렇게 말해보자.

"지금 이 자리가 나에겐 값진 기회다."

"나의 말로 누군가의 삶에 힘을 줄 수 있다."

"나는 이 무대에 설 자격이 있다."

이런 믿음이 청중의 마음에 가장 진실한 울림을 준다.

연설자는 무대를 지배하는 사람이 아니다. 무대 위에서 자신을 통제할 수 있는 사람이다. 자신감은 두려움이 없어서 생기는 게 아니라, 훈련을 통해 두려움을 '넘어서는 힘'이다. 말하는 순간뿐 아니라, 말을 준비해온 모든 시간이 바로 당신의 진짜 무대다.

Part 2

골든 스피치의
핵심이론과 설계도

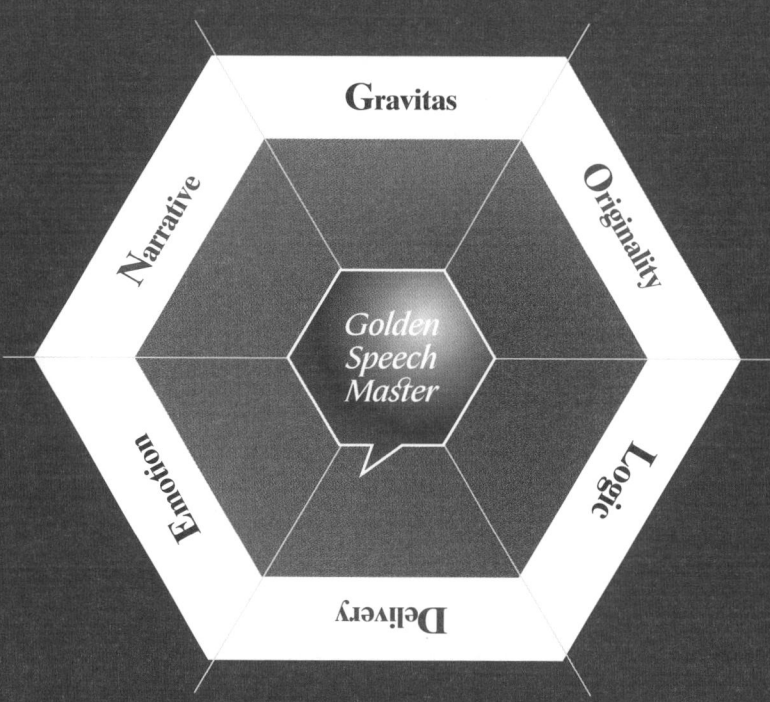

Gravitas

Originality

Logic

Delivery

Emotion

Narrative

1장

GOLDEN – 스피치의 구조와 설계도

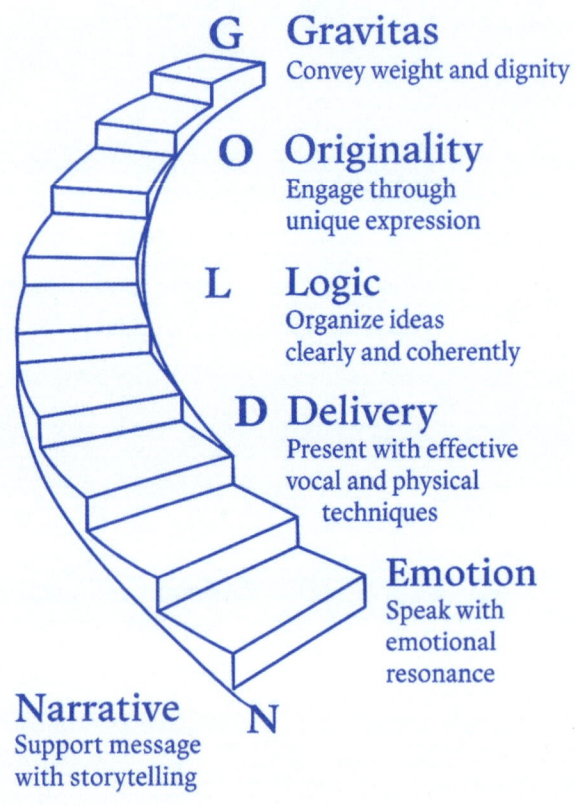

구조가 탄탄한 말이 설득력을 가진다

스물여섯 해 동안 아이들을 가르쳐온 한 고등학교 교사가 있었다. 그의 퇴임식 날, 졸업생 대표로 나선 제자가 축사를 맡았다. 그 제자는 이제 변호사가 되어 바쁜 삶을 살고 있었지만, 그날만큼은 선생님께 감사의 말을 꼭 전하고 싶다고 자청했다. 그는 준비된 축사 대신, 머릿속에 떠오르는 기억을 따라 말하기 시작했다. 고등학교 시절의 장난과 야단맞던 일, 졸업식 날 눈물짓던 선생님의 모습까지. 분명 진심이었다. 하지만 점차 이야기는 길어지더니 주제에서 벗어난 에피소드들이 이어졌다. 방향을 잃은 축사는 공감이 줄었고, 흐름이 끊겼다. 청중의 집중력은 흐트러졌고, 그의 말은 어느 순간 '감동'이 아니라 '애매한 독백'이 되었다.

진심은 말의 본질이지만, 형식이 무너지면 본질도 와닿지 않는다. 구조가 없으면, 감정도 길을 잃는 법이다. 아무리 기억과 감정이 충만해도, 말은 방향과 리듬이 있어야 비로소 울림이 된다.

우리는 말하기를 감정의 분출로 착각한다. 하지만 청중에게 말을 '전달'하기 위해서는 정리, 배열, 구조화된 흐름, 즉 언어의 건축이 필요하다. 골든GOLDEN은 언어의 설계도, 즉 감정과 메시지를 청중의 마음까지 전달하는 6개의 구조적 뼈대다. Gravitas(진중함), Originality(독창성), Logic(논리), Delivery(전달력), Emotion(감정), Narrative(이야기)는 스피치를 구성하는 6개의 기둥처럼, 당신의 메시지를 지탱하고 청중의 마음을 흔든다. 말이 산란해지면 진심도 가라앉는다. 말의 구조는 감정의 길잡이다. G·O·L·D·E·N 은 진심을 설계하고, 메시지를 목적지까지 안전하게 보내는 언어의 지도다.

Gravitas(진중함)
말의 무게감, 말하는 사람의 품격

진지함이란 말의 무게감, 신뢰감, 품위를 만들어내는 내면의 힘이다. 품격 있는 말은 톤과 태도에 자기 절제와 진지함이 담겨 있으며, 가볍지 않고, 주제에 대한 깊은 존중이 느껴진다. 또한 말의 목적이 뚜렷하고, 개인의 신념이 바탕에 깔려 있다. 진지함을 갖추면 말하는 사람이 서 있는 그 자체로 메시지가 전달된다.

사례 분석

1588년 엘리자베스 1세는 스페인 무적함대의 침공이 임박했을 때, 틸버리 전투 현장에서 병사들을 격려하기 위해 이렇게 외쳤다.

"나는 약한 여자의 몸을 가졌지만, 영국의 왕으로서 마음과 피를 가졌다."

절제되고 품격 있는 그녀의 말에는 단호함과 공동체 의식이 담겨 있었다. 군복을 입고 말에 올라탄 그녀의 모습 자체가 메시지를 강조하는 것이었다. 진지함은 단어보다 태도에서 비롯된다.

실전 워크시트

✓ 실습 A. 나의 말에 품격을 더하라

아래의 상황에서 품격 있는 어휘와 톤으로 문장을 바꿔보라.

상황	일반적인 표현	품격 있게 다시 쓰기
회의에서 반대 의견 제시	"그건 아닌 것 같은데요."	"좋은 관점입니다. 다만, 이렇게 생각해볼 수도 있지 않을까요?"
졸업식 축사 시작	"다들 고생하셨습니다."	"이 자리에 함께한 모든 분께 진심 어린 경의를 표합니다."

✓ 실습 B. '품격 어휘 노트' 만들기

- 내 연설에서 자주 쓰는 가벼운 말 3개 적기
- 그에 대응하는 품격 있는 대안 표현으로 바꾸기

자주 쓰는 말	대체 어휘
"그냥요······."	"제 생각에는······."
"진짜 대박이었어요."	"매우 인상 깊었습니다."
"아무 말이나 해도 되죠?"	"제 생각을 조심스레 나누자면······."

체크리스트

질문	점검
• 나는 청중 앞에서 과장되거나 가벼운 표현을 자제하는가?	☐
• 내 말의 톤과 속도는 진중하고 신뢰감을 주는가?	☐
• 목적과 청중을 고려한 단어 선택인가?	☐
• 말 외적인 요소(표정, 옷차림, 태도)가 내용과 어우러지는가?	☐

마무리 과제

연설 또는 발표를 위해 다음 문장을 자신만의 품격 언어로 다시 써 보라.

> "제가 오늘 꼭 드리고 싶은 말씀이 있습니다. 다소 민감할 수도 있지만, 제 진심을 담아 말씀드리겠습니다."

✎ **나의 표현**
_____
_____
_____
_____
_____
_____

Originality(독창성)
진부함을 넘어서는 창의적인 표현

독창성이란 단순히 '새롭다'는 뜻이 아니다. 그 누구도 대신할 수 없는 나만의 언어로 표현할 때 비로소 독창적인 말이 된다. 먼저 익숙한 개념보다는 낯선 연결을 통해 새로운 방식을 시도해보기도 하고, 청중의 예상과 반대 방향으로 말하면서 비유와 은유를 통해 감각적 언어로 이미지화를 해본다. 뻔한 말은 들리지 않는다. 독창성은 청중의 귀를 깨우는 예술이다.

사례 분석

스티브 잡스는 2005년 스탠퍼드대학교 졸업식 축사에서 이렇게 말했다.

"점들을 연결하라."

"갈망하라. 우직하게 나아가라."

그가 연설에서 사용한 단어와 표현 방식은 완전히 새로운 것이었다. 자신의 실패, 방황, 선택을 연결점dot이라는 은유로 풀어내며, 평범한 이야기를 독창적인 언어로 재창조했다. 이 문장은 지금도

'스티브 잡스' 하면 떠오르는 명언 중 하나다.

실전 워크시트
✔ 실습 A. 진부한 문장 바꾸기

아래의 문장을 독창적인 표현으로 바꿔보라.

진부한 문장	나만의 표현
"인생은 마라톤이다."	"인생은 불 꺼진 극장에서 길을 찾는 산책이다."
"노력은 배신하지 않는다."	"노력은 늦게 오는 버스이지만, 꼭 멈춘다."
"실패는 성공의 어머니다."	"실패는 문지방이다. 넘으면 문이 열린다."

✔ 실습 B. 나의 연설에 독창성 불어넣기

아래 주제를 선택하고, 기존과 다른 방식으로 도입 문장을 써보라.

주제 예시

① **변화** ② **용기** ③ **소통**

"여러분, 변화는 반드시 필요합니다."

→ "변화란 뒷문을 몰래 열고 들어오는 손님입니다. 우리는 늘 늦게 반응하죠."

체크리스트

질문	점검
• 내가 사용하는 표현은 남들도 자주 쓰는 말인가?	☐
• 나의 말에 나만의 이미지와 경험이 담겨 있는가?	☐
• 청중의 예상과 다른 각도에서 말하려 했는가?	☐
• 평범한 주제도 나의 언어로 바꾸려 했는가?	☐

마무리 과제

다음 말들을 자신만의 철학적인 언어로 바꿔보라.

1. "말은 힘이 있다."

   ☐ _____

2. "진심은 통한다."

   ☐ _____

3. "청중은 정직한 말을 좋아한다."

   ☐ _____

Logic(논리)
설득의 구조와 흐름 만들기

논리란 주장과 근거가 명확하게 연결되는 말의 구조를 뜻한다. 논리는 스피치에서 감정을 보완하고, 설득력을 높이는 핵심 요소다. 논리적인 말의 특징은 주장이 분명하고 그에 대한 이유와 근거가 구체적이다. 그리고 적절한 사례를 더해서 청중이 쉽게 이해할 수 있다. 논리 없는 말은 공감하기 어렵고, 논리에만 의존한 말은 감동이 없다.

사례 분석

1964년 말콤 엑스는 연설에서 이렇게 말했다.

"투표용지 아니면 총알."

"내 등에 칼을 9인치 찔렀다가 6인치 빼면 아무런 진전이 없습니다."

그의 연설은 전체가 논리적 연결과 대조의 힘으로 설계되어 있으며, 주장 → 근거 → 예시 → 반박 → 결론 순으로 구조가 명확하다. 또한 감정적 어조 속에 이성적 흐름과 예리한 논리가 내포되어 있다. 이처럼 설득은 감정으로 시작되지만, 결심은 논리에서 비롯된다.

실전 워크시트

✔ 실습 A. 주장 – 근거 – 예시 구성하기

📍 주제 : 말의 힘은 생각보다 크다

구성	작성
주장	말은 사람을 바꾸는 가장 빠른 수단이다.
근거	말은 감정뿐 아니라 행동을 유도한다.
예시	마틴 루터 킹의 연설은 제도까지 바꿨다.

✔ 실습 B. 논리적 흐름 만들기(도입 – 전개 – 정리)

📍 주제 : 디지털 시대에도 말하기 능력은 중요하다

단계	내용
① 도입	현대인은 SNS와 채팅으로 의사소통을 하지만…….
② 전개	그럼에도 불구하고 직접 말하기는 설득력과 신뢰성을 높인다.
③ 정리	따라서 우리는 디지털 역량과 말하기 능력을 함께 키워야 한다.

체크리스트

질문	점검
• 내 말에는 명확한 주장이 있는가?	☐
• 주장을 뒷받침하는 근거가 분명한가?	☐
• 구체적인 예시를 통해 청중이 이해할 수 있는가?	☐
• 말의 흐름이 도입-전개-정리로 자연스럽게 이어지는가?	☐
• 감정적 표현 외에 이성적 설득이 가능한가?	☐

마무리 과제

다음 문장을 논리 3단 구조(주장 – 근거 – 예시)로 확장해보라.

> 소통 능력은 리더의 필수 자질이다.

☐ **주장** _____

☐ **근거** _____

☐ **예시** _____

Delivery(전달)
전달의 기술, 말의 리듬과 음성의 예술

전달이란 말의 내용을 청중의 귀와 눈, 그리고 마음에 닿을 수 있도록 표현하는 기술이다. 단순히 말을 잘하는 다변이 아니라, 의도에 맞는 방식으로 정확하게 '전달'하는 능력을 의미한다.

전달의 주요 구성 요소는 다음과 같다.

목소리 크기, 억양, 리듬, 감정
속도와 멈춤 강조 효과, 긴장 조절
시선과 제스처 신뢰와 에너지 전달
호흡과 여백 말의 무게를 만드는 쉼

무슨 말을 하느냐보다 어떻게 말하느냐가 청중의 반응을 바꾼다.

사례 분석
"예, 우리는 할 수 있습니다. 예, 우리는 할 수 있습니다. 예, 우리는 할 수 있습니다."

　미국 44대 대통령인 버락 오바마가 2008년 당선 확정 승리 연설에서 한 말이다. 그의 억양은 낮고 안정된 톤에서 감정을 서서히 끌어올렸으며 중요한 단락마다 의도적 '멈춤'으로 속도를 조절했다. 손바닥을 아래로 내리는 그의 몸짓은 강조 또는 진정 효과가 있었고, 시선은 군중 전체를 돌아보며 자연스러운 상태를 유지했다. 그의 연설은 단어보다 '억양, 멈춤, 리듬'의 연출력이 기억에 남는 대표적인 사례다.

실전 워크시트

✔ **실습 A. 억양과 속도 조절 연습**

다음의 기본 문장에 감정을 실어 3가지 방식으로 낭독해보라.

"오늘 제가 이 자리에서 전하고 싶은 이야기는 단 하나입니다."

유형	억양	속도	멈춤 위치
차분한 존중형	부드럽고 낮음	중간	"자리에서 / 전하고 싶은 이야기 / 단 하나"
강한 확신형	또렷하고 단호	느림	"이 자리에서…… / 단 하나입니다."
감정 호소형	울림 있고 여림	완급 조절	"오늘…… 제가…… 이 자리에서……"

🎧 보너스 : 녹음해서 비교하며 듣기

✓ **실습 B. 몸짓과 시선 연결 연습**

문장을 낭독하면서 그에 맞는 자연스러운 동작과 시선 방향을 설정해보라.

"여러분 모두의 선택이…… 이 순간을 만들었습니다."

→ 손을 벌리고 청중을 가리키며 말한다.

"하지만 우리는 포기하지 않았습니다."

→ 손을 쥐며 강하게 말하고 정면을 응시한다.

체크리스트

질문	점검
• 내 목소리는 너무 크거나 작지 않고 안정적인가?	☐
• 강조할 단어나 문장에서 억양의 변화를 주었는가?	☐
• 속도와 멈춤을 적절히 조절했는가?	☐
• 몸짓과 표정이 말과 자연스럽게 어우러졌는가?	☐
• 시선이 고정되지 않고 청중을 고루 바라보았는가?	☐

마무리 과제

다음 문장을 자신의 방식으로 표정, 목소리, 시선, 손동작을 모두 사용해서 낭독해보라.

> "이 한마디가 당신의 오늘을 바꿀 수 있다면, 나는 그 말을 망설이지 않고 전하겠습니다."

□ 낭독 연습 후 느낀 점
_____
_____
_____
_____

Emotion(감정)
감정의 공명, 공감을 부르는 말하기

감정이란 연설자가 어떤 마음으로 말하는지, 그리고 그것이 청중에게 어떻게 전달되는지를 좌우하는 핵심 요소다. 감정은 논리와 달리 공명resonance, 즉 상대의 마음에 울림을 일으키는 방식으로 작용한다. 즉, 내가 먼저 느끼지 않으면 청중도 절대 느낄 수 없다.

감정의 전달은 다음 3가지 축으로 작동한다.

① **공감**Empathy 청중의 상황과 감정을 이해하는 마음
② **표현**Expression 말과 몸짓으로 감정을 표출하는 기술
③ **진정성**Sincerity 준비된 말이 아니라 '진짜 내 마음'을 말하는 자세

감정 없는 말은 공허하고, 과잉된 감정은 불편하다. 가장 설득력 있는 것은 '진심이 담긴 말'이다.

사례 분석
"나는 우리나라가 세계에서 가장 아름다운 나라가 되기를 원한다.

가장 부강한 나라가 되기를 원하는 것은 아니다.……오직 한없이 가지고 싶은 것은 높은 문화의 힘이다."

김구의《백범일지》'나의 소원'에 나오는 구절이다. 김구의 어휘는 간결하지만, 감정의 깊이가 절절히 느껴진다. '소망'이라는 감정을 담담한 문장에 실어 울림을 전달한다. 그는 발화 속도는 느리지만 마음의 밀도가 강하게 압축된 언어를 사용한다.

감정은 '눈물'이 아니라 '결심'으로 표현되기도 한다. 진정한 감정 전달은 과장보다 절제된 고백에서 나온다.

실전 워크시트

✔ **실습 A. 감정선 바꾸기 훈련**

다음의 기본 문장을 각기 다른 감정으로 말해보라.

"당신은 절대 혼자가 아닙니다."

감정	말투와 억양	표정과 몸짓	전달 느낌
위로	부드럽고 낮게	살짝 고개 끄덕임	따뜻함
단호함	또렷하게, 느리게	정면 응시	신뢰감
격려	힘있게, 밝게	손 내밀기	용기

🎧 보너스 : 3가지 방식으로 낭독하고 녹음 후 가장 진심이 느껴진 감정 확인

✔ **실습 B. 나의 감정문 쓰기**

다음 주제 중 하나를 골라 자신의 감정을 담은 3가지 문장을 작성해보라.

① 내가 실패했던 순간

② 가장 고마웠던 사람

③ 말하고 싶은 내 마음속 진심

☐ 예시

> "나는 그날 이후 두려움이 생겼습니다. 하지만 다시 말하기로 했습니다. 오늘 이 자리는 그 결심의 첫걸음입니다."

_____

_____

_____

체크리스트

질문	점검
• 내가 말하는 내용에 진짜 감정이 실려 있었는가?	☐
• 억양, 호흡, 눈빛으로 감정을 전달했는가?	☐
• 청중의 감정 상태를 고려하며 조절했는가?	☐
• 감정을 과장하거나 억누르지 않고 자연스럽게 표현했는가?	☐
• 내 말이 끝난 후 청중의 얼굴에 변화가 있었는가?	☐

마무리 과제

다음 문장을 진심을 담아 낭독해본 후, 스스로에게 다음 질문을 해보라.

> "제가 이 자리에 선 것은, 단지 할 말이 있어서가 아니라 여러분과 이 감정을 나누고 싶기 때문입니다."

· 나는 이 문장을 정말 그렇게 느끼며 말했는가?
· 말이 아니라 마음을 전한 순간이 있었는가?

☐ 느낀 점
_____
_____
_____
_____

Narrative(이야기)
서사의 힘, 이야기가 기억에 남는 이유

서사란 단순한 정보 전달이 아닌 시간의 흐름과 감정의 곡선 속에서 메시지를 이야기처럼 전달하는 방식이다. 단순히 재미있는 이야기가 아니라 기억에 남는 메시지, 감정이입, 행동까지 이끄는 스피치의 가장 강력한 무기다.

서사 구성의 3가지 요소는 첫째, 배경과 인물을 통해 이야기를 시작해 청중을 끌어들이고, 둘째, 갈등과 전환으로 몰입과 긴장감을 만들며, 셋째, 해결과 메시지를 전하여 감동과 설득으로 이끈다.

사람은 논리를 거부할 수는 있지만, 이야기에 저항할 수는 없다.

사례 분석
"나는 두려움 속에서도 나아갔다."

넬슨 만델라의 대통령 취임 연설 중 한 대목이다.

만델라는 27년간 감옥에서 보낸 경험을 인종 화합의 서사로 전환하였다. 단지 한 개인에 대한 정보가 아니라 삶 전체를 하나의 이야기로 바꾼 것이다. '나의 이야기가 곧 메시지'가 되는 순간, 연설은 살아 있는 서사가 된다.

실전 워크시트

✓ **실습 A. 3단 스토리 구성표**

하나의 경험을 떠올리고 서사 구조로 재구성해보라.

단계	내용
① 도입-배경	언제, 어디서, 어떤 상황인가?
② 전개-갈등/문제	무엇이 어려웠는가, 어떤 선택을 했는가?
③ 결말-깨달음/메시지	그 경험이 나에게/청중에게 어떤 의미를 주는가?

📍 주제

- 처음 발표했던 경험
- 누군가에게 상처를 줬던 순간
- 뜻밖의 실패에서 배운 교훈

✓ **실습 B. '스토리형 스피치' 전환 연습**

다음 문장을 '정보형 → 이야기형'으로 바꿔보라.

정보형 문장	이야기형 변환
"말하기는 연습이 중요하다."	"나는 한 문장조차 제대로 말하지 못했던 학생이었다."
"경청은 소통의 시작이다."	"그날 나는 친구의 한마디를 처음으로 끝까지 들어줬다."

체크리스트

질문	점검
• 내가 말하는 내용이 이야기처럼 자연스럽게 흘러가는가?	☐
• 청중이 감정이입을 할 수 있는 인물, 상황, 갈등이 등장하는가?	☐
• '도입-전개-결말' 구조가 명확한가?	☐
• 메시지는 이야기의 마지막에 자연스럽게 도달했는가?	☐
• 내가 들려준 이야기는 '나만의 것'이었는가?	☐

마무리 과제

다음 주제 중 하나를 선택하여 짧은 서사 스피치(5~7문장)를 작성해보라.

- 나를 성장시킨 한마디
- 잊지 못할 실패
- 나의 첫 발표

☐ 예시(간략형)

> "중학생 시절, 발표 시간에 나는 한마디도 하지 못했다. 선생님은 조용히 말했다. '괜찮아, 천천히 해도 돼.' 그 말은 내 안에 아직도 살아 있다. 그 후 나는 한 줄씩, 한 문장씩 말하기 시작했다. 오늘 이 자리에 선 것도 그 한마디의 힘이다."

Gravitas

Originality

Logic

Delivery

Emotion

Narrative

2장

SPEECH –
전달의 에너지와
언어의 기술

같은 말도 다르게 들리는 것은 전달의 힘이다

그녀는 사람들 앞에만 서면 심장이 뛰고, 입이 바싹 말라서 말을 잇지 못했다. 회사에서는 늘 조용했고, 회의 시간에도 한마디를 꺼내기조차 힘들었다.
그녀는 언젠가는 마음속 이야기를 당당히 꺼내보고 싶었다. 8주간의 말하기 훈련이 끝나고 마지막 '3분 발표' 시간이었다. 주제는 '내가 가장 말하고 싶었던 한 문장'이었다. 그녀는 종이를 손에 쥔 채 앞으로 나가 숨을 고르고 첫 문장을 읽었다.
"열다섯 살 때, 아버지가 돌아가셨어요. 그때부터 저는 말을 아꼈어요. 왜냐하면 그때 제가 했던 마지막 말이 '아빠, 좀 조용히 해'였거든요."
그녀는 손에 쥔 종이를 내려다보다가 눈을 들었다.
"그 말이…… 제가 아버지께 드린 마지막 말이었어요. 그 뒤로…… 전 누군가에게 소리 내서 말하기가 두려웠어요."
잠시 침묵이 흘렀다.
"그래서 오늘, 말하려고 해요. 비록 너무 늦었지만…… 아빠, 그때 제가 그렇게 말했던 거…… 미안해요. 그리고, 정말 사랑해요."

말은 생물이다. 그 안에는 숨이 있고, 감정이 흐르며, 에너지가 스며 있다. 아무리 뛰어난 구조와 설계가 있어도 감정을 움직이지 못하면 스피치는 살아나지 않는다. 이번에는 말에 생명을 불어넣는 6가지 기술 S·P·E·E·C·H에 관한 이야기다.
Structure(구조), Presence(존재감), Empathy(공감), Energy(에너지), Clarity(명확성), Harmony(조화)는 스피치를 작동하는 6개의 동력 장치다.
이제 말에 온도를 입히고, 언어에 숨결을 넣어, 청중의 심장을 움직여보자.

Structure(구조)
구조화된 메시지 만들기

말을 잘한다는 것은 단지 유창하게 말한다는 뜻이 아니다. 진정한 '스피치 능력'은 생각을 구조화하고, 메시지를 자연스럽게 전달하는 기술이다. 말의 구조가 없으면 말은 장황해지고 중심이 흐려진다. 그렇게 되면 청중은 따라가기 어렵고, 말하는 사람조차 핵심이 무엇인지 잃어버린다. 구조는 말의 뼈대다. 이 뼈대가 있어야 감정도, 논리도, 서사도 살아 움직인다.

스피치의 3단 구조 : 도입-전개-정리

첫 번째는 도입Introduction이다. 여기서는 가장 먼저 청중의 관심을 유도하면서, 오늘 말할 주제를 예고한다. 주로 질문이나 인용 그리고 강렬한 이미지와 간단한 에피소드가 사용된다.

"여러분은 오늘 몇 번이나 침묵하셨나요?"

"저는 오늘, '말하지 못하는 용기'에 대해 이야기하고자 합니다."

두 번째 전개Body에서는 중심 메시지(주장)와 그에 대한 근거, 사례를 제시한다.

주장 – 근거 – 사례의 3단 구조가 이상적이며 각 핵심 아이디어는 문장 하나로 요약할 수 있어야 한다.

① **주장** 말을 잘한다는 것은, 말을 줄이는 것이다.
② **근거** 집중도가 높아지고 오해가 줄어든다.
③ **사례** TED 연설의 평균 길이는 18분

마지막으로 정리Conclusion에서는 전체 메시지를 요약하고 청중의 행동과 생각의 변화까지 이끌어내면서 인상적인 문장으로 마무리한다.

"오늘의 이야기를 기억해주세요. 좋은 말은 많이 이야기하지 않아도 방향을 알 수 있는 말입니다."

메시지 구조의 확장 : 5단 논리 프레임

단순한 발표가 아닌 리더의 연설, 강연, 설득형 발표에는 다음과 같은 5단 구조가 효과적이다.

① **주제 제시** 무엇을 이야기할 것인가?
② **문제 제기** 왜 이것이 중요한가?
③ **해석과 통찰** 그 본질은 무엇인가?
④ **해결 방안 또는 핵심 메시지** 그래서 우리는 어떻게 해야 하는가?

⑤ **청중을 향한 제안** 이 이야기가 여러분과 무슨 관계가 있는가?

이 구조는 청중의 머리와 마음을 함께 움직이는 '사고의 여정'을 설계한다.

청중은 말의 구조를 따라 움직이면서 감정에 반응한다. 구조 없는 말은 들을 때는 좋아도 돌아서면 남는 것이 없다. "무엇을 말하고 싶었는가?" "그 말이 왜 중요한가?" "나는 무엇을 하면 되는가?" 이 3가지를 청중이 스스로 정리할 수 있도록 말의 구조를 설계해야 한다. 구조화된 말이 청중의 사고를 이끈다.

구조화 훈련 5단계

첫 번째, 핵심 문장을 짧게 만든다. 모든 스피치는 '이 말만 기억해도 좋다'는 한 줄로 요약되어야 한다.

두 번째, 소제목으로 전개를 나눈다. 우선 주장을 뒷받침할 3가지 키워드를 정하고 각각 '왜 중요한가? – 어떤 사례가 있는가? – 어떤 시사점을 주는가?'로 확장한다.

세 번째, 예시 – 개념 구조를 활용한다. 설명보다는 이야기(예시)로 시작하고, 개념은 뒤에 붙인다. 이러한 구조는 청중의 몰입도를 높이는 효과가 있다.

네 번째, 예시와 같이 시각화 문장을 삽입한다.

"지금 이 장면을 한번 그려보십시오."

"여러분의 하루를 영상처럼 돌려보면…….."

다섯 번째 마무리 정리 문장을 준비한다. 감정+메시지+여운이 있는 마지막 문장을 미리 써놓고 연습한다.

알랭 드 보통은 철학적 주제를 다루면서도, 언제나 '이야기 – 개념 – 제안'의 3단 구조를 따른다. 그래서 복잡한 주제라도 '길을 따라 걷듯이' 이해된다. 경영저술가이자 강연가 사이먼 시넥은 '황금원형Golden Circle' 이론으로 'Why – How – What'의 3단 구조를 세계적 화법 모델로 정착시켰다. 오프라 윈프리는 연설 끝부분에 항상 '청중의 인생과 메시지를 연결'하는 구조를 유지하며, 감정적 몰입과 행동 유도를 동시에 끌어낸다.

말로 감동을 주려면 말의 길이 있어야 한다. 청중이 그 길을 따라가면서 자기 생각과 감정을 정리하고, 마침내 변화의 문 앞에 다다를 수 있어야 한다. 그것이 '구조화된 메시지'의 힘이다. 좋은 말은 아름답다. 그러나 좋은 구조는 강력하다. 구조는 청중의 머릿속에 '지도'를 그려준다. 지도가 있으면 길을 잃지 않는다.

Presence(존재감)

존재감과 무대 위 영향력

청중 앞에서 한마디도 하지 않았는데도 어떤 사람은 이미 시선을 끌고, 신뢰를 얻는다. 왜 그럴까? 그 차이는 바로 존재감이다. 존재감이란 단순히 잘 보이거나 눈에 띈다는 뜻이 아니다. 그것은 무대 위의 에너지, 사람의 주파수, 공간에 스며드는 신뢰의 파장이다.

말을 하기 이전에 청중은 이미 당신을 보고 있다. 존재감은 걸어 들어오는 순간 시작된다. 걷는 방식, 무대에 서 있는 자세, 고개를 드는 각도, 눈빛의 머뭇거림 등 이 모든 것은 말보다 먼저 전달되는 비언어적 메시지다. 즉, 존재감은 설득의 시작이다.

존재감이 있는 사람은 남과 다른 특징이 있다. 첫째, 자세가 정중하면서도 흔들리지 않는다. 양발은 어깨너비로 벌리고, 시선은 정면을 바라보며, 가슴을 편다. 둘째, 침묵을 두려워하지 않는다. 말을 시작하기 전에 2초간의 침묵은 오히려 집중을 높인다. 셋째, 눈빛이 한 사람을 뚫고, 모두를 품는다. 특정 청중에게 진심으로 말할 때, 나머지 사람들도 자연스럽게 끌어들일 수 있다. 넷째, 자기 몸을 알고 조절할 줄 안다. 자신의 손이 어디에 놓여 있는지, 표정은 어떤지, 어깨에 힘이 들어가지는 않았는지 의식한다. 마지막으로 존재감 있는 사람은 자신을 무대와 하나로 만든다. 무대를 점령하거나 피하지 않고, 무대를 자신의 전용 공간처럼 만드는 것이다. 존재감 있는 사람은 구석에 있어도 공간의 중심에 있는 것처럼 느껴진다.

스피치의 3대 존재감 : 시선-호흡-정적

청중과 눈 맞춤을 하지 않으면 말은 흩어진다. 말할 때 한 사람을 보고, 멈출 때는 전체를 조망한다. 호흡은 무대 위에서 안정감을 유지하는 근원이며 빠른 호흡은 긴장을, 안정된 복식호흡은 여유와 신뢰를 전달한다. 정적은 존재감의 여백으로, 이러한 상태를 견딜 수 있는 사람만이 무대의 중심이 된다. 쉼 없이 말하는 사람보다 침묵을 조절하는 사람이 집중을 유도한다.

존재감을 키우는 훈련

첫째, 무대 위에서 존재감을 키우기 위해서는 먼저 거울 앞에 서는 훈련을 해야 한다. 아무 말 없이 30초간 무표정으로 서서 시선과 자세를 점검한다. 둘째, 청중 없이 무대 위에서 걷기 연습을 해본다. 무대 위를 자연스럽게 걸으면서 중간에 멈추는 지점이 곧 중심이 된다. 셋째, 눈빛을 고정하는 훈련이 필요하다. 평소에 가족, 친구의 눈을 피하지 않고 10초간 바라보며 말해보자. 넷째, 침묵을 연습한다. 스피치 중간에 '의도적인 침묵'을 두세 군데 넣어서 감정을 정리한다. 다섯째, 신체 감각을 확장한다. 자신의 어깨, 손, 입, 발이 어떤 상태인지 '인지'하면서 말한다. 존재감은 자각에서 시작된다.

넬슨 만델라는 말보다 먼저 '묵직한 침묵'으로 사람을 압도했다. 그의 존재 자체가 메시지였다. 말콤 엑스는 말할 때마다 무대의 중심에서 조금씩 걸어 나와 청중과 거리를 좁혀나갔다. 그는 공간의 주인이었다. 배우 윤여정은 "사람은 존재만으로 충분할 수가 있다"고 말했다. 무대 위에서 군더더기 없는 태도는 오히려 말보다 강한 감동을 준다.

말은 그 사람의 존재를 싣고 나간다. 존재감이 약하면 말도 약해진다. 그러므로 설득력은 목소리나 단어 이전에 당신이 어떤 에너지로 서 있는가에 달려 있다. 존재감은 대단한 말솜씨가 아니라, 자기 자신을 온전히 그 자리에 놓는 일이다. 존재감은 '나'를 말에 담는 힘이다. 당신이 진심으로 거기 서 있을 때, 청중도 그 자리에 있게 된다.

Empathy(공감)
공감의 힘, 청중을 끌어당기는 감정적 연결

공감은 단순한 동의나 위로가 아니다. 청중의 감정을 이해하고, 받아들이고, 함께 느끼는 태도다. 사람은 논리로 설득당할 수는 있지만, 행동으로 이어지려면 감동을 느끼며 공감해야 한다. 공감은 청중과 함께 느끼는 경험의 공유다. 말을 잘하는 사람은 공감의 언어를 구사하는 사람이다.

공감은 단순히 "그럴 수 있죠"라는 동의가 아니다. 타인의 입장에서 느끼고 말해야 공감을 얻을 수 있다. 논리는 '이해'를 이끌어내지만, 공감은 '관계'를 만든다.

말을 잘하는 사람은 자신이 하고 싶은 말보다 청중이 듣고 싶은 말, 듣고 싶지 않은 말을 함께 고려한다.

"저는 이 이야기를 하기 전에, 여러분이 지금 어떤 심정일지 생각해봤습니다."

이 한마디만으로 청중은 마음의 문을 열기 시작한다.

공감의 3단계 : 인식-수용-반영

인식Eye 단계에서는 청중의 표정, 눈빛, 분위기를 살피면서 지금 이들이 어떤 상태인지 눈으로 읽는다.

청중의 감정 상태를 판단하는 수용Ear 단계에서는 그들이 불안한 상태인지, 지루해하는지, 기대하고 있는지를 판단해야 한다. 말을 하면서도 청중의 감정 주파수를 수시로 확인하는 것이다.

반영Heart 단계에서는 그 감정에 맞춰 말투와 내용을 조절한다. 긴장된 분위기에서는 진정성을 더하고 무거운 분위기에서는 유머와 따뜻함을 전할 수 있다. 진짜 공감은 내용의 조절이 아니라 태도의 조율이다.

공감의 말하기 기술 5가지

① '나도 그랬다'는 화법으로 말하는 개인적인 고백은 청중의 경계심을 허문다.
"저도 그 시절에는 밤잠을 설친 적이 많았습니다."
② 청중의 상황을 구체적으로 묘사하여 청중의 노력과 감정을 인정한다.
"이 자리에 오시기까지 얼마나 고민이 많으셨는지 압니다."
③ 질문형 어투로 연결하여 공감의 통로를 연다.
"혹시 여러분도 비슷한 경험이 있으신가요?"
④ '우리'라는 단어를 사용하여 청중을 관객이 아닌 공동체로 만

든다.

⑤ 비언어적 동기화로 말보다 표정, 고개 끄덕임, 눈빛으로 더 많은 공감을 전달한다.

공감은 연설을 인간적으로 만든다

미국의 전 대통령 버락 오바마는 연설 도중 청중이 울자, 말을 멈추고 "그 눈물이 오늘 우리의 목적입니다"라고 말했다. 이 짧은 한마디가 연설의 모든 논리보다 더 큰 울림을 주었다. 김대중 전 대통령은 고난의 시절을 이야기하며 말했다. "저도 믿음을 잃은 적이 있었습니다. 그런데도 사람들이 저를 믿어주었습니다." 이 고백은 수많은 국민에게 위로와 회복의 메시지가 되었다. 독일의 전 총리 앙겔라 메르켈은 난민 수용 결정 후, 기자회견에서 "우리는 정답을 가진 국가가 아니라 함께 배우는 나라입니다"라고 말함으로써, '국민과 같은 눈높이'에서 말하는 지도자로 기억되었다.

공감이 빠진 말은 아무리 화려해도 기억에 남지 않고, 사람들이 따르지 않으며, 신뢰를 얻지 못한다. 공감은 '수사'가 아니라, 말을 건네는 마음의 모양이다. 공감은 화술이 아니라 상대의 눈높이에서 바라보는 것이다.

공감 연습 5가지

실전에서 공감 훈련을 하려면 먼저 청중 분석 시트를 작성하여 청중의 연령, 배경, 기대, 감정 상태를 사전에 메모한다. 그리고 공감 질문 3종 세트를 사용한다.

"여러분이라면 어떻게 하시겠습니까?"

"혹시 비슷한 경험을 하신 적 있으신가요?"

"그때 어떤 기분이 드셨을까요?"

그다음은 자신의 실수를 고백하는 것이다. 청중은 완벽한 사람보다 실패를 딛고 다시 일어선 사람에게 공감한다. 말을 하면서 청중의 표정, 반응, 고개 움직임 등을 수시로 읽고 말투를 조정하고, 청중에 맞추어 가능한 이해하기 쉬운 용어로 표현한다.

공감은 기술이 아니라 태도다. 그 태도는 청중에게 '당신의 삶을 알고 싶습니다'라는 메시지를 전한다. 말은 '전달'의 도구이지만, 공감은 '연결'의 다리다. 말로 마음을 여는 사람, 말로 상처를 덮는 것, 말로 누군가의 삶에 다가가는 것이 바로 골든 스피치다.

Energy(에너지)
에너지의 확산, 생기 있는 말의 기운

어떤 사람은 말을 많이 해서 지루하기만 하고, 어떤 사람은 짧은 한마디에도 청중이 집중한다. 그 차이는 어휘나 내용이 아니라 전달되는 에너지에서 비롯된다. 말에는 보이지 않는 '기운'이 있다. 에너지가 없는 말은 절대 사람을 움직이지 못한다.

말의 에너지는 다음과 같이 3가지 축에서 발생한다.

① **신체의 생리적 에너지**
호흡, 발성, 몸의 움직임이 만들어내는 물리적 에너지
② **감정의 내적 에너지**
주제에 대한 열정, 확신, 절실함이 묻어나는 말
③ **청중과의 상호작용 에너지**
청중의 반응에 따라 리듬과 강약을 조절하는 역동성

이 3가지 요소가 하나의 흐름으로 이어질 때, 청중은 말에 끌리고 몰입하게 된다.

에너지가 느껴지는 말에는 4가지 특징이 있다.

첫째, 속도와 템포가 살아 있어 느릴 때는 확실히 느리고 빠를 때는 힘 있게 밀고 나간다.

둘째, 억양이 살아 있고, 어미가 흐려지지 않으며 문장을 명료하게 끝맺고, 마지막까지 힘이 느껴진다.

셋째, 몸이 말과 함께 움직여서 고개, 손, 몸의 기울임이 말의 흐름과 함께 맞물린다.

넷째, 목소리에 감정의 진동이 느껴지면서 슬픔은 담담하게, 분노는 절제된 강도로, 기쁨은 환하게 전해진다.

에너지를 만들어내는 5가지 실전 기술

① 복식호흡 훈련

목소리의 힘은 폐가 아니라 배에서 나온다. 배에 힘을 주고 숨을 끌어모은 후 내보낸다.

② 속도 조절과 리듬 훈련

'느림 – 강조 – 빠름'의 3단 리듬을 연습한다. 강조할 말은 천천히, 배경 설명은 약간 빠르게 말한다.

③ 발음 명료화 훈련

입을 크게 벌리고, 단어의 자음과 모음을 끝까지 또렷하게 발음한다.

④ 단어에 감정을 싣는 연습

한 문장을 4가지 감정(분노, 기쁨, 슬픔, 단호함)으로 바꿔 말해본다.

⑤ 무대 동선 활용 훈련

에너지의 확산은 공간을 직접 활용할 때 강화된다. 논점이 바뀔 때마다 한 걸음 이동하고, 중요한 포인트에서는 한가운데 멈춰 선다.

마틴 루터 킹은 감정과 에너지를 점층적으로 쌓아 올리며 말했다. '나에게는 꿈이 있습니다'라는 연설은 후반부로 갈수록 점점 속도와 강도가 올라갔고, 그의 말은 결국 함성처럼 터져 나왔다. 오프라 윈프리는 눈빛, 목소리 톤, 손동작을 적극 활용해 청중이 이야기의 장면에 들어가 있는 듯한 생동감을 느끼게 만든다. 스티브 잡스는 기술 발표에서도 말의 에너지를 절묘하게 조절했다. "한 가지 더 One more thing"라는 낮고 느린 톤 하나로도 청중의 기대감을 폭발시켰다.

말이 힘을 가지려면 생기Spark가 있어야 한다. 그것은 듣는 사람의 눈빛을 밝게 만들고, 분위기를 환기시키며, 행동을 유도한다. 연습으로 말에 생기를 채울 수 있다. 복식호흡, 리듬, 표정, 몸의 움직임은 모두 에너지의 통로다.

에너지 확산을 위한 일상 훈련

① 하루 1분 낭독 연습

생기 있게 말하는 연습을 한다. 뉴스, 시, 연설문 등을 리듬감 있게 소리 내어 읽는다.

② 아침 에너지 루틴

'발성+복식호흡+스트레칭 5분' 루틴으로 목소리에 에너지를 채운다.

③ '힘 있는 단어' 찾기

내 발표문에서 에너지 중심 단어에 강조 표시를 하고 연습한다.

④ 거울 앞에서 몸짓 점검

손이 말과 일치하는지, 얼굴에 감정이 살아 있는지 확인한다.

⑤ 무대 시뮬레이션 연습

집에서 무대 동선과 포즈, 멈춤 타이밍 등을 반복 훈련한다.

말에는 힘이 있어야 한다. 그 힘은 단어가 아니라 에너지에서 비롯된다. 말은 단지 들리는 것이 아니라 느껴지는 것이어야 한다. 그 느낌이 바로 에너지다. 청중은 당신의 단어를 잊을 수 있다. 하지만 당신의 기운은 절대 잊지 않는다. '골든 스피치'의 핵심은 살아 있는 말이다. 말에 생기를 불어넣는 것이 에너지다.

Clarity(명확성)
명료함의 기술, 이해되는 말의 조건

감동적인 말도, 유머 있는 말도, 명확하게 전달되지 않으면 아무 효과가 없다. 아무리 열정적으로 말해도 청중이 이해하지 못한다면 의미 없는 소음에 불과하다. 명료성은 스피치의 기초 체력과 같다. 기초가 약하면 감정도, 설득도, 구조도 무너진다. 좋은 말은 '잘 들리는 말'이 아니라 '잘 이해되는 말'이다.

명료한 말은 어렵거나 멋진 말이 아니다. 오히려 단순하고 정확한 말이다. 어려운 개념은 쉬운 비유로 바꾸고, 긴 문장은 짧은 문장으로 나누고, 추상적인 표현은 구체적인 사례나 이미지로 대체한다.

"우리는 지속할 수 있는 혁신적인 패러다임의 구축을 위해……"보다는, "우리는 오래갈 수 있는 새로운 방식을 만들고자 합니다"가 더 쉽고 명료한 표현이다. 청중은 철학자가 아니라 친구가 들려주는 듯한 말에 반응한다.

명료하게 말하는 방법

우선 한 번에 하나만 말해야 한다 한 문장에 2가지 메시지를 담으면 둘 다 약해진다. 두 번째로 문장은 짧게, 연결은 부드럽게 한다. 짧은 문장을 나열하되 논리의 흐름은 매끄럽게 연결한다. 마지막으로 모호한 단어는 분명한 단어로 바꾼다. '적절하다', '실현하다', '개선하다' 같은 단어는 가능한 행동 또는 수치로 구체화한다.

마하트마 간디는 복잡한 정치 담론도 "우리는 두려움 없이 걷겠습니다"와 같이 시처럼 간단하고 분명한 말로 바꾸었다. 사이먼 시넥은 "사람들은 당신이 뭘 하는지가 아니라 왜 하는지를 산다"와 같이 청중이 한 문장으로 이해할 수 있도록 단순화했다. 이해인 수녀는 일상의 감정을 모두가 공감하고 이해할 수 있는 짧은 시어詩語로 바꾸었다.

명료한 말은 청중만을 위한 것이 아니다. 자신의 사고를 정리하는 도구이기도 하다. 말이 복잡하다는 것은 생각이 정리되지 않았다는 뜻이다. 단순하게 말하려면 생각을 다듬고 줄이는 과정을 반드시 거쳐야 한다.

"정확한 말은 정확한 생각에서 나온다. 그리고 정확한 생각은 정확한 삶을 만든다."

명료하게 말하기 위한 5가지 훈련

① **한 줄 핵심 메시지 만들기**

내가 전하고 싶은 말을 한 줄로 정리한다.

② **세 문장 요약 훈련**

긴 이야기나 강연 내용을 세 문장으로 요약해보고 '서론 - 본론 - 결론'으로 압축한다.

③ **단어 치환 훈련**

추상적인 단어를 구체적인 단어나 예시로 바꾼다.

④ **비유 연습**

아이에게 설명하는 것처럼 '어떻게 말할까?'를 기준으로 비유하는 방법으로 연습한다.

⑤ **청중의 피드백 받기**

"내가 말한 것 중에 이해되지 않거나 모호했던 부분이 있었나요?"라고 질문한다.

청중은 '그 말이 무슨 뜻이냐?'보다 '그 말이 나와 무슨 상관이 있느냐?'를 궁금해한다. 따라서 명료성은 단어의 정확함뿐 아니라, 말과 청중의 관계를 명확히 하는 일이기도 하다.

"이것이 중요한 이유는 여러분의 오늘과 닿아 있기 때문입니다."

이 한 문장이 말의 방향을 청중 쪽으로 돌려준다.

청중은 단순히 멋있는 말이 아니라 또렷하고, 듣기 쉽고, 곧바로 이해될 때 신뢰한다. 말을 잘한다는 것은 깊이 있는 내용을 쉽게 말하는 것이다. 명료성은 기술이 아니라 사고의 정제이며, 청중에 대한 배려이자 거리 좁히기다.

Harmony(조화)
조화의 미학, 흐름과 완결의 설계

좋은 말은 '잘 만든 말'이 아니라, '잘 흘러가는 말'이다. 청중은 문장 하나하나보다 그 문장들이 어떻게 이어지고, 전체적으로 어떤 분위기와 흐름을 만들어내는지를 더 깊이 받아들인다. 말의 조화란, 말의 요소들이 따로 놀지 않고 하나의 감동으로 통합되는 것이다. 말의 조화를 이룰 때 스피치는 설득을 넘어서 예술의 영역으로 발전한다.

스피치의 조화를 이루기 위한 3가지 조건

첫째, 논리, 감정, 이야기의 균형이 이루어져야 한다. 논리만 넘치면 지루하고, 감정만 넘치면 공허하다. 잘 짜인 스피치는 이 3가지 요소가 적절히 배합되어 있다.

둘째, 구조, 속도, 멈춤의 리듬이 있어야 한다. 그렇게 되면 도입부터 결말까지 기승전결이 자연스럽게 이어지며, 중간중간 속도 조절과 쉼이 조화를 이룬다. 강약 조절 없는 말은 청중의 집중력을 떨어뜨린다.

셋째, 말과 사람, 말과 삶이 일치해야 한다. 아무리 훌륭한 말도 그 사람의 태도와 어긋나면 설득력은 떨어진다. 말과 삶이 조화를 이룰 때 청중은 그 말을 신뢰하고 감동한다.

조화로운 스피치는 '이야기를 듣고 있다'는 느낌에서 '하나의 길을 걸었다'는 느낌으로 스며든다.

조화로운 스피치의 흐름 5단계는 다음과 같다.

① **도입** 주제와 청중 연결(질문, 경험, 유머 등)
② **초반 전개** 감정 유도(공감, 고백, 사례 제시)
③ **중반 핵심** 논리 전개(메시지와 근거, 설득 구조 강화)
④ **후반 정리** 이야기 횟수 및 결론 강조(메시지 반복, 다짐)
⑤ **마무리** 여운 남기기(명언, 질문, 행동 제안 등)

마틴 루터 킹의 연설은 논리, 감정, 서사, 리듬, 존재감이 하나의 곡선처럼 고조되며 정점에 이르는 완성형 스피치였다. 김구는 조국 통일 연설에서 뜨거운 애국심과 이성적 설득, 절제된 감정이 단 하나의 울림으로 응축된 명문장을 남겼다. 앙겔라 메르켈의 코로나 위기 대응 연설은 차분한 논리와 국민의 감정 이해, 미래적 시선을 완벽하게 조율한 리더의 언어로 평가받는다.

스피치 전체의 완결성을 높이는 5가지 전략

① **메시지의 '되돌아오기'**

도입에서 던진 질문이나 장면이 마무리에서 다시 등장하면 구조가 단단해진다.

"처음에 제가 여러분께 질문했던 것을 기억하시나요? 이제 답을 함께 나누겠습니다."

② **리듬의 기복 설계**

'고조 – 완화 – 반전 – 결단' 순서로 청중의 감정을 조율한다. 너무 단조로운 흐름은 지루함을 초래한다.

③ **언어 톤의 일관성 유지**

격식과 유머, 학문적 어휘와 일상어 등을 상황에 맞게 혼용하되 통일성을 유지한다.

④ **마지막 문장의 여운 설계**

'그래서'가 아닌 '그러므로 여러분은……'으로 마지막 말을 시작한다. 행동을 부르고, 감정을 남기고, 생각을 정리하는 강력한 마무리 문장을 준비한다.

⑤ **청중과의 일체감 강조**

"이 말은 제 이야기이기도 하지만 동시에 지금 여기에 있는 우리 모두의 이야기이기도 합니다."

조화로운 스피치 훈련을 위한 5가지 실전 연습

① **'요소 분해 – 재조립'**

연설문을 구성 요소(논리, 감정, 서사, 리듬, 음성)별로 나누고, 각각 이 어떤 위치와 비중을 차지하는지 점검한다.

② **리허설 녹음 듣기**

음성, 말의 흐름, 어색한 부분, 부조화된 어휘를 감지한다.

③ **피드백 시트 사용**

듣는 사람에게 '내용이 조화로웠는가?', '너무 튀는 부분은 없었는가?' 하고 피드백을 요청한다.

④ **'말 – 사람 – 맥락'의 정합성 점검표**

"내가 이 말을 할 자격과 이유가 있는가?"

"이 말은 지금 이 자리에서 타당한가?"

⑤ **완성형 스피치 사례를 따라 하면서 연습**

TED, 대통령 연설, 수상 소감 등 사례를 분석하고 모방한다.

각각의 말이 하나의 선율처럼 연결될 때 스피치는 예술이 된다. 말의 구조와 감정, 표현과 리듬, 메시지와 태도가 하나로 엮일 때, 청중은 단순히 듣는 것을 넘어 함께 움직인다. 그것이 바로 스피치의 완성, 조화의 미학이다.

Gravitas

Originality

Logic

Delivery

Emotion

Narrative

3장

MASTER -
성장과 브랜드

스피치의 궁극적인 완성은 존재의 표현이다

그는 조용한 성격의 50대 공무원이었다. 수십 년 동안 그는 보고서를 쓰고, 회의록을 정리하고, 윗사람의 말을 메모하며 살아왔다. 그러던 어느 날, '국민 대상 브리핑'을 맡으라는 지시가 떨어졌다. 부처의 대표로서 중요한 정책을 설명해야 했다.
그날 강단에 오른 그는 발표문을 손에 들고 있었다. 문장은 다듬어져 있었고 수치와 자료는 정확했다. 그는 실수 없이 차분히 읽어나갔다. 그런데 청중은 아무 반응이 없었다. 어떤 질문도, 고개 끄덕임도 없었다. 그날 밤 그는 오래전 책에서 읽었던 문장을 떠올렸다.
"사람들은 말의 내용은 잊는다. 하지만 말하는 사람의 진심과 태도는 기억한다."
몇 달 후, 그는 같은 청중 앞에 다시 섰다. 이번에는 손에 원고를 들지 않았다.
"오늘 이 자리에 선 건, 정책을 설명하기 위함이 아니라, 정책 뒤에 있는 '사람'의 이야기를 나누고 싶어서입니다. 이 정책은 바로 저와 같은 서민 가장을 위한 것입니다."
그의 발표가 끝나자 청중들은 큰 박수를 보냈다. 정책이 아니라 '말하는 사람'에게 보낸 박수였다.

이 장은 단순한 연설가를 넘어 성장하는 여정을 담고 있다. M·A·S·T·E·R는 Mindset(사고방식), Authenticity(진정성), Strategy(전략), Technique(기술), Engagement(참여), Reflection(성찰과 피드백)을 뜻한다.
말에는 그 사람의 품격이 스며 있고, 태도가 배어 있으며, 살아온 인생이 녹아들어 있다. 결국 말이 자기 브랜드를 만들고, 말이 그 사람을 규정한다. 이제는 화술의 단계에서 벗어나 자기만의 철학과 영향력을 가진 '말의 주인'으로 거듭날 시간이다.

Mindset(사고방식)
말의 뿌리를 세우는 태도

사고방식은 말의 출발점이자 연설자가 세상을 바라보는 기본 태도다. 훌륭한 스피치는 단순한 언어 능력이 아니라 말하는 사람의 마음가짐과 인격에서 비롯된다. 마음가짐이 튼튼한 사람의 말은 흔들리지 않는다. 태도가 바른 사람은 말의 무게가 다르다.

스피치란 결국 '나는 왜 이 말을 하는가?'에 대한 내면의 응답이다. 진정한 스피치를 하는 사람은 말하기 전에 먼저 듣는 태도를 취하고, 말의 결과에 책임지는 마음을 지녀야 하며, 진실을 향한 내면의 일관성, 상황과 청중에 대한 윤리적 민감성을 갖고 있어야 한다. 좋은 말은 기술이 아니라 태도의 결정체다.

사례 분석
"두려움이 아니라 희망으로 이 나라를 다시 세우자."

넬슨 만델라가 아파르트헤이트(인종차별 정책) 종식 이후 남아프리카공화국의 첫 흑인 대통령으로 취임했을 때 했던 말이다. 그의 언어는 겸손하지만 단호했으며 분노가 아닌 용서, 분열이 아닌 통합의 태도를 유지하고 있었다. 개인의 고통을 넘어 공동체의 미래를 향한 만델라의 말은 27년간 수감생활에서 길러진 신념에서 비롯된 것이었다. 그가 전한 것은 단어가 아닌 인내와 헌신이 체화된 메시지였다.

실전 워크시트

✔ 실습 A. 나의 '말의 뿌리' 점검하기

다음 질문에 솔직한 마음을 적어보자.

질문	점검
• 나는 왜 사람들 앞에서 말하려 하는가?	☐
• 내 말은 누군가에게 어떤 영향을 줄 수 있을까?	☐
• 내가 가장 소중히 여기는 말의 가치는 무엇인가?	☐

✔ 실습 B. 선언문 만들기

아래 문장을 참고해서 당신만의 선언문을 작성해보자.

> "나는 누군가의 마음에 상처가 아닌 다리를 놓는 말을 하고자 한다."
> "말은 내가 세상을 어떻게 보는지를 비춰주는 창이다. 나는 이 창을 깨끗이 닦고 싶다."

✍ **나의 선언문**

_____

_____

체크리스트

질문	점검
• 나는 말하기 전에 '왜 이 말을 하는가'를 스스로에게 묻는가?	☐
• 자존감이 아닌 자존심을 세우려는 말은 아닌가?	☐
• 나는 청중의 입장과 마음을 고려하고 있는가?	☐
• 실수에 대해 책임지고 돌아보는가?	☐
• 내 스피치는 인격과 삶의 태도를 반영하고 있는가?	☐

마무리 과제

발표나 연설을 앞두고 말의 동기를 점검해보기 위해 다음 문장을 자신의 말로 다시 써보라.

> "이 발표는 저에게 중요한 기회입니다. 단지 내용을 전달하는 것이 아니라, 저의 생각과 진심을 나누고자 합니다."

✎ **나의 표현**

_____

_____

_____

Authenticity(진정성)
말과 삶의 일치를 향한 진정성

진정성은 말과 삶이 일치할 때 생기는 신뢰의 힘이다. 꾸며낸 말, 빌려온 말은 일시적으로는 설득할 수 있으나 마음을 울리는 말은 반드시 그 사람의 삶에서 우러나온다. 진정성은 '어떻게 말하느냐'보다 '누가 말하느냐'에 따라 결정된다. 말과 행동이 다르면 아무리 말을 잘해도 설득력이 없다. 말하는 사람의 과거, 가치관, 경험은 말의 배경음과 같아서 숨길 수 없다. 진정한 말은 항상 그 사람의 삶을 증거로 삼는다.

진정성 있는 말은 다음의 특징을 가진다.

- **솔직함** 부족함도 숨기지 않고 있는 그대로 말한다.
- **경험 기반** 직접 겪은 일이나 내면의 고백에서 비롯된다.
- **일관성** 말과 삶이 다르지 않고 일치한다.
- **배려** 자기과시보다 청중과의 연결을 우선시한다.

사례 분석

탈레반의 총격에서 살아난 후, 교육의 권리를 외친 말랄라 유사프자이는 2013년 유엔 청소년 총회 연설에서 이렇게 말했다.

"한 명의 아이, 한 명의 교사, 한 권의 책, 하나의 펜이 세상을 바꿀 수 있다."

그녀는 군더더기 없는 간명한 문장을 구사했으며, 분노 대신 평화, 복수 대신 교육을 주장했다. 총보다 책을 든 한 소녀의 말은 곧 삶이자 저항의 상징이 되었다. 말랄라는 말이 아닌 행동으로 말했기에 청중은 그의 말을 믿었다.

실전 워크시트

✔ **실습 A. 말과 삶의 일치 점검표**

다음 문장을 읽고 현재 자신의 상태를 점검하자.

말하기 상황	실제 나는……	말한 내용과 일치했는가?
강연에서 "정직이 중요하다"고 말했다.	회식 자리에서 작은 실수를 덮고 넘어갔다.	□일치 ☑불일치
"소통이 핵심이다"라고 말했다.	직원의 문제 제기에 귀를 닫았다.	□일치 ☑불일치

✔ **실습 B. '진정성 스크립트' 작성**

다음 주제 중 하나를 선택해서 자기의 경험을 바탕으로 세 문장짜리 연설문을 써보자.

- 내가 겪은 실패
- 나를 바꾼 한 사람
- 고맙다고 말하지 못한 이야기

나의 진정성 연설문

1. _____
2. _____
3. _____

체크리스트

질문	점검
• 내 말이 과장되거나 꾸며지지는 않았는가?	☐
• 말한 대로 행동하려고 노력하는가?	☐
• 청중 앞에서 나의 약점도 용기 있게 드러내는가?	☐
• 청중이 나의 진실을 느낄 수 있는가?	☐
• 나는 말보다 먼저 삶으로 말하려고 노력하는가?	☐

마무리 과제

아래 문장을 '진정성 있는 표현'으로 바꿔보자.

> "저는 이 자리에 설 자격이 없다고 느낄 때도 있지만, 제 이야기를 나누고 싶습니다."

✍ **나의 표현**

_____

_____

_____

_____

_____

_____

Strategy(전략)
목적을 향한 말의 설계력

전략은 말의 목적을 명확히 하고, 그에 따라 말의 구조와 순서를 정밀하게 설계하는 힘이다. 말을 잘하는 사람은 말하기 전에 반드시 묻는다. "내가 이 말을 통해 얻고자 하는 핵심 효과는 무엇인가?" 전략 없는 말은 산만하고, 전략 있는 말은 설득력을 가진다. 전략은 어디서 시작해서 어디로 가는지 보여주는 말의 '지도'다.

말에는 목적, 대상, 경로, 타이밍이라는 4개의 축이 있다. 즉흥적인 말도 전략적인 4개의 축 위에 있어야 흐름이 살아난다. 전략이 없는 말은 감정이 격해질수록 길을 잃는다.

전략적 스피치는 다음의 특징을 지닌다.

- **청중 중심** 내가 하고 싶은 말보다 청중이 듣고 싶은 말을 한다.
- **구조의 명료성** 시작 – 전개 – 결론의 흐름이 뚜렷하다.
- **목적의 일관성** 말이 흩어지지 않고 중심 메시지로 수렴된다.
- **상황의 적합성** 시간, 분위기, 장소에 맞는 언어를 선택한다.

사례 분석

"점들을 미리 연결할 수는 없습니다. 나중에 돌아보며 비로소 연결할 수 있습니다."

스탠퍼드대학교 졸업식에서 스티브 잡스가 삶의 방향성과 창조적 사고를 격려했던 연설의 한 대목이다.

3개의 짧은 이야기로 구성된 그의 연설은 각각의 이야기가 '삶의 태도'에 대해 다른 각도에서 응답하고 있으며 삶은 예측보다 신념을 따라야 한다는 철학적 결론을 담고 있다. 또한 3개의 이야기라는 구체적인 구조를 제시하여 집중도를 높였고, 말의 목적(희망과 창의성 전달)을 끝까지 흔들림 없이 유지했다.

실전 워크시트

✔ **실습 A. 말의 설계 4단계 프레임**

다음 연설 또는 발표를 설계할 때 아래의 항목을 채워보자.

항목	나의 설계
1. 말의 목적은 무엇인가?	격려, 설득, 사과, 지시 등
2. 대상 청중은 누구인가?	대학생, 동료, 고객 등
3. 핵심 메시지는 무엇인가?	기회는 준비된 자의 것
4. 구성 순서는 어떻게 짤 것인가?	경험-교훈-결론

✔ 실습 B. 전략적 도입 문장 만들기

다음 문장을 전략적 표현으로 바꿔보자.

> "오늘은 그냥 몇 가지 말씀드리려고 합니다."
> → "지금부터 3가지 이야기를 통해 우리가 꼭 기억해야 할 한 가지 메시지를 전하고자 합니다."

✍ **나의 표현**

_____

_____

_____

_____

_____

체크리스트

질문	점검
• 나는 말하기 전에 항상 말의 '목적'을 명확히 하는가?	☐
• 내 말의 구조는 시작-중간-끝이 구분되는가?	☐
• 청중의 특성과 상황을 고려한 전략적 접근을 시도하는가?	☐
• 말의 도입, 전개, 마무리가 하나의 흐름을 갖고 있는가?	☐
• 핵심 메시지가 발표 끝까지 일관되게 유지되는가?	☐

마무리 과제

발표나 강의에서 사용할 스피치 전략을 아래의 형태로 설계해보자.

> [도입] "이야기 하나로 시작하겠습니다……"
> [전개] 사례 → 교훈 → 요약
> [결론] "이 모든 이야기를 통해 전하고 싶은 말은 이것입니다 : _____"

✍ **나의 전략적 문장**

도입 _____

전개 _____

결론 _____

Technique(기술)
표현을 완성하는 말의 기술

말의 기술은 생각과 마음을 정확하게 전달하는 표현 도구다. 아무리 좋은 뜻을 품고 있어도 표현력이 부족하면 전달되지 않는다. 말의 기술은 내용이 더 잘 들리도록 만드는 형태의 공예이자, 메시지를 감정과 리듬으로 실어 나르는 언어의 운전 능력이다.

스피치 기술은 감정과 논리를 실어 나르는 역할을 담당하며, 단어, 문장, 어조, 손짓, 멈춤의 기술이 메시지를 살아 움직이게 한다. 기술은 꾸밈이 아니라 정확한 전달을 위한 장치다.

말의 기술은 진실을 더 진하게, 감정을 더 깊게, 메시지를 더 멀리 전달한다.

핵심 표현 기술은 다음과 같다.

- **강조 표현** 반복, 대조, 삼단 구조
- **간격 표현** 효과적인 멈춤과 리듬 조절
- **감정 표현** 톤과 표정, 눈빛의 일치
- **비유 표현** 추상적인 개념을 생생하게 만드는 장치

· **동격 표현** 메시지를 다시 풀어주는 쉬운 말 덧붙이기

사례 분석

"나에게는 꿈이 있습니다."
1963년 워싱턴의 링컨 기념관에 모여든 25만 명의 청중 앞에서 마틴 루터 킹 주니어 목사가 했던 유명한 연설이다. 그의 언어는 반복 구조로 리듬과 감정을 고조하였고, 성경 비유, 삼단 구조, 상징어를 활용했다. 그의 연설은 멈춤과 몸짓, 시적인 운율로 메시지를 각인시키는 전달 방식으로 강한 신념과 함께 정제된 기술적 표현이 결합된 모범 사례 중 하나로 손꼽힌다. 이는 말의 기술이 진심을 해치지 않고 진심을 운반하도록 만든 좋은 사례다.

실전 워크시트

✔ **실습 A. 표현 기술 연습**

아래의 문장을 더 효과적인 전달을 위한 표현 기술을 사용해 다시 써보자.

상황	기본 문장	표현 기술을 더한 문장
동료에게 감사	"고마웠어."	"당신 덕분에 숨통이 트였어요. 고맙습니다."
청중 환영 인사	"반갑습니다."	"이 자리에서 여러분을 뵙게 되어 진심으로 반갑습니다."

✔ **실습 B. 나의 3대 표현 기술 점검**

아래 기술 중 내가 자주 사용하는 3가지를 표시하고 강화할 기술도 선택해보자.

상황	기본 문장	표현 기술을 더한 문장
• 반복		
• 비유		
• 감정 전달		
• 강조 리듬		
• 간결화		

체크리스트

질문	점검
• 나는 내용과 상황에 맞는 표현 기술을 적절히 사용하는가?	☐
• 내 말에는 리듬, 강조, 멈춤 등 '형식의 기술'이 살아 있는가?	☐
• 내 몸짓과 목소리는 말의 의미와 일치하는가?	☐
• 나는 기술을 통해 더 진정성 있고 감동적인 메시지를 만드는가?	☐
• 반복, 대조, 간결함 등 표현의 효과를 의식하며 말하는가?	☐

마무리 과제

다음의 문장을 반복, 비유, 감정, 강조 기법을 활용해 '기술적으로 더 강렬하게' 표현해보자.

> "우리는 지금 중요한 선택의 기로에 서 있습니다."

✎ **나의 표현**

Engagement(참여)
청중과의 연결을 만드는 공감의 기술

말은 결국 청중의 마음과 연결되어야 한다. 아무리 훌륭한 메시지라도 청중의 참여를 유도하지 못하면 가닿을 수 없다. 말하기 이전에 청중의 감정과 욕구를 읽어내는 공감의 촉수를 가져야 한다.

공감은 기술이 아니라 청중을 존중하는 마음가짐이며, 청중을 사로잡는 말은 이러한 마음에서 비롯된 관계의 감각으로부터 나온다. 참여 유도는 일방향이 아닌 쌍방의 흐름 속에서 피어나며, 결국 말의 핵심은 내용 '전달'이 아니라 '도달', 즉 마음에 가닿는 것이다.

공감형 스피치는 다음의 특징을 가진다.

- **질문을 던진다** 청중의 감정을 끌어올리는 물음을 던진다.
- **표정을 읽는다** 청중의 반응을 수시로 읽고 조율한다.
- **사례를 맞춘다** 청중의 삶과 언어에 맞는 예시를 든다.
- **존재로 말한다** 말보다 태도와 에너지로 다가선다.

사례 분석

"그들은 저급하게 가도, 우리는 품위 있게 갑시다."

미셸 오바마가 버락 오바마의 2016년 대선 직전 민주당 전당대회에서 한 말이다. 간명한 문장에 강한 도덕적 메시지가 실려 있으며, 청중의 감정에 진심으로 반응하는 태도를 보여주었다.

그녀는 상대 후보에 대한 공격이 아닌 모범을 택했고, 분노가 아닌 품격을 통해 신뢰를 얻었다. 한마디로 미셸 오바마는 도덕성과 공감으로 청중의 마음을 포용했다. 그녀가 사용한 단어보다 얼굴 표정, 멈춤, 눈빛에서 진정성이 전해졌다.

실전 워크시트

✔ **실습 A. '공감도'를 높이는 질문 만들기**

다음 상황에서 청중과의 거리를 좁히는 질문을 하나씩 만들어보자.

상황	공감 질문
대학 신입생 환영사	"여러분, 새로운 환경에서 가장 설레는 순간은 언제였나요?"
실패 극복 강연	"여러분도 포기하고 싶었던 적 있으셨죠?"
회사 리더십 세미나	"팀을 이끄는 일이 외롭다고 느껴지신 적 없나요?"

✔ **실습 B. '청중 맞춤형 사례' 연습**

청중에 맞는 사례 하나씩을 들어보자. 나만의 이야기도 좋다.

청중	연결 사례
고등학생	"저도 입시를 앞두고 두려움에 잠 못 이룬 적이 있어요."
직장인	"야근 끝에 컵라면을 먹으며 울컥한 밤, 기억나시죠?"
학부모	"아이 눈높이에 맞춰 말하기, 참 어렵죠."

체크리스트

질문	점검
• 나는 청중의 나이, 관심사, 상황에 맞는 언어를 사용하는가?	☐
• 내 말 속에 청중을 위한 질문이나 배려가 담겨 있는가?	☐
• 나는 청중의 반응(표정, 호흡, 집중도 등)을 관찰하는가?	☐
• 사례나 비유가 청중의 현실과 맞닿아 있는가?	☐
• 나의 말 속에 청중과 '함께 호흡한다'는 감각이 담겨 있는가?	☐

마무리 과제

아래 문장을 공감형 표현으로 바꿔보자. 청중의 마음을 두드릴 수 있는 물음이나 사례를 더해보자.

> "오늘 제 이야기가 여러분께 도움이 되길 바랍니다."

✎ **나의 표현**

_____

_____

Reflection(성찰과 피드백)
자신을 돌아보는 말의 성찰력

성찰과 피드백은 자신의 말과 삶을 되돌아보고 다듬는 것이다. 말은 한번 내뱉으면 되돌릴 수 없다. 그러나 그 말을 돌아보면 다음 말을 더 깊고 바르게 할 수 있다. 성찰은 단지 반성을 넘어서 자기 성장의 연료가 된다.

성찰 없는 말은 쉽게 교만해지고 말의 길을 잃는다. 성찰하는 사람은 다음에 더 조심하며, 더 따뜻하게 말한다. 훌륭한 스피치는 '말하기'만큼이나 '말한 이후'를 더 중요하게 여기는 것이다.

성찰은 말의 뒤끝이 아니라, 말의 품격을 완성하는 뒷심이다.

성찰적 말하기 4가지 요소

① **기록** 말한 내용을 메모하고 다시 읽는 습관
② **피드백 수용** 비판을 감정이 아닌 정보로 받아들이는 태도
③ **상황 복기** 오해되거나 효과적이지 못했던 장면을 복기
④ **내면 성찰** '나는 왜 그런 말을 했을까?'를 묻는 연습

사례 분석

공산주의 체제 붕괴 이후 반체제 극작가에서 체코의 대통령으로 선출된 바츨라프 하벨은 취임 연설에서 이렇게 말했다.

"저는 이 자리에 어울리는 사람이 아닙니다. 하지만 진실과 양심이 저를 여기로 이끌었습니다."

낮춤과 고백의 어조는 권위 대신 성찰의 힘을 지니고 '나는 완벽하지 않지만, 더 나은 길을 찾고자 한다'는 자세를 보여주었다. 이는 청중에게 신뢰와 도덕적 감동을 전달했다. 하벨은 화려한 수사보다 성찰과 책임의 언어로 정치 방향을 바꿨다. 자신을 돌아보는 말이 공감과 신뢰를 일으킨 것이다.

실전 워크시트

✔ **실습 A. 말의 복기 일지 쓰기**

최근 했던 발표나 강연을 떠올리며 복기해보자.

질문	나의 답변
• 어떤 표현이 가장 효과적이었는가?	
• 청중의 반응이 미미했던 순간은 언제였는가?	
• 다음엔 어떻게 말하면 더 좋을까?	

✔ **실습 B. 피드백 메모장 만들기**

다음과 같은 피드백을 받아본 적이 있다면 그에 대한 나의 반응을 적어보자.

피드백 내용	당시 내 반응	지금 돌아본 느낌
"조금 말이 길었어요."	속상했다.	핵심 정리에 더 신경 써야겠다.
"그 예시는 어려웠어요."		

체크리스트

질문	점검
• 나는 발표나 강연 후, 항상 스스로를 돌아보는 시간을 갖는가?	☐
• 다른 사람의 피드백을 열린 마음으로 수용하는가?	☐
• 내 말이 가져온 영향이나 오해에 대해 고민해본 적이 있는가?	☐
• 내 표현 습관이나 말투에 반복되는 문제는 없는가?	☐
• 나는 말한 만큼 말의 여운과 책임도 감당하고 있는가?	☐

마무리 과제

다음 문장을 나의 언어로 새롭게 표현해보자. 마무리 인사로도 좋다.

> "이 말을 준비하면서 제 자신을 많이 돌아보게 되었습니다."

✍ **나의 표현**

_____

_____

Part 3

시대를 움직인
골든 스피치 현장

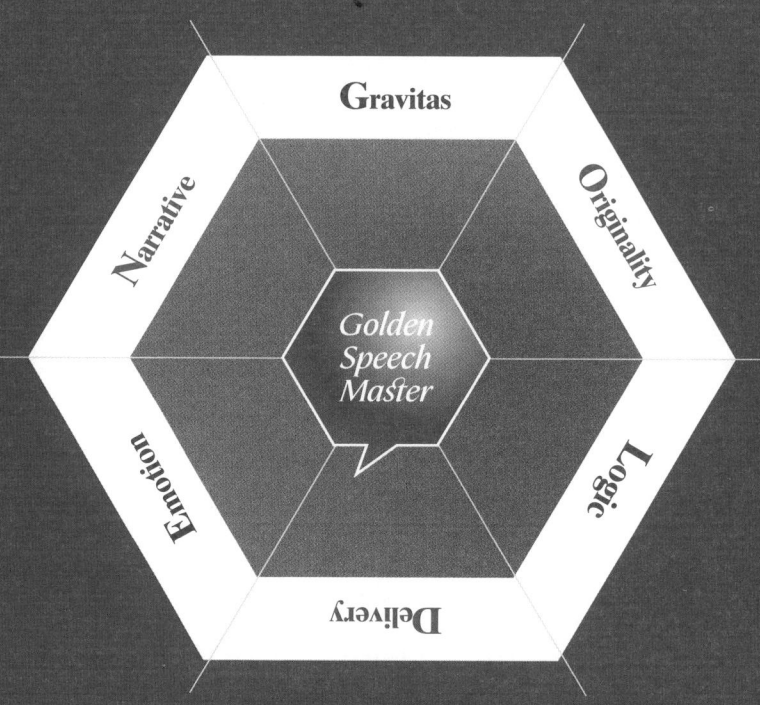

Gravitas

Originality

Logic

Delivery

Emotion

Narrative

1장

국가를 설계한 목소리 – 통치자의 언어

선언이 된 말, 역사가 된 목소리

연설의 역사는 곧 인간이 역사를 바꿔온 현장의 기록이다. 한 사람의 목소리가 군중을 흔들고, 한 문장의 선언이 나라의 운명을 바꾸었다. 그 순간 말은 단지 소리가 아니라 시대의 방향을 결정짓는 힘이 되었다.

고대 아테네의 광장에서 페리클레스는 전몰자들을 추도하며 민주주의의 이상을 노래했다.

"우리나라는 세계 다른 나라들의 본보기가 될 것이다."

그의 말은 공동체의 자부심을 세우고 시민 정신을 일깨웠다."

세기를 건너 체코의 바츨라프 하벨은 벨벳 혁명 직후 대통령이 되어 선언했다.

"진실과 사랑은 거짓과 증오를 이길 것입니다."

전환기의 국민에게 진실의 언어가 얼마나 큰 힘이 되는지 보여준 순간이었다.

또 다른 대륙 아프리카에서 케냐의 환경운동가 왕가리 마타이는 여성과 민중을 향해 외쳤다.

"작은 일부터 시작합시다. 그 작은 불씨가 세상을 바꿀 수 있습니다."

그녀의 말은 나무 심기 운동에서 민주화 투쟁으로 번지며 세계적인 희망의 상징이 되었다.

'골든 스피치'는 시대마다 다른 얼굴로 나타났지만, 공통적으로 사람들의 의식을 깨우고 미래를 열었다. 이상을 외친 자, 정의를 부르짖은 자, 희망을 노래한 자들의 말 속에서 우리는 다시 묻는다. 지금 우리에게 필요한 목소리는 무엇인가? 그리고 오늘 우리는 어떤 말을 남겨야 하는가?

민주주의의 이상을 노래한 장례 연설

페리클레스

기원전 431년, 아테네와 스파르타 사이에 펠로폰네소스전쟁이 시작되었다. 수많은 젊은이들이 쓰러졌다. 도시 전체는 상실과 두려움에 빠졌고 민심은 흔들렸다. 그때 아테네 시민들은 죽은 이들을 위해 장례를 치렀고, 관례에 따라 한 명의 대표가 추도사를 맡았다. 그는 단지 죽은 자를 기리러 나온 것이 아니었다. 그는 국가의 정신을 되살리고, 국민의 정체성을 다시 세우기 위해 그 자리에 섰다. 그 사람이 바로 페리클레스, 아테네 민주주의의 설계자였다.

추도 연설인가, 건국 선언인가?

"우리의 정치체제는 다수의 이익을 위하여 존재한다. 그것이 곧 민주주의다."

추도식은 엄숙했다. 시민들은 침묵했고, 유가족은 눈물을 삼켰다. 그러나 페리클레스는 단지 죽음을 애도하지 않았다. 그는 그 죽음의 의미를 살아 있는 이들의 사명으로 바꾸었다.

"아테네는 이들이 죽음을 무릅쓰고 지키려 한 국가입니다. 그리고 이 나라는 자유와 평등 위에 세워진 민주주의 국가입니다."

그는 아테네의 정치체제를 설명하면서, 그것이 단지 국가의 체계가 아니라 시민의 품격과 의지로 작동하는 철학임을 강조했다. 그의 스피치는 추도사를 넘어 국가의 정체성을 선언한 건국 연설이었다.

"우리의 정치는 소수자에게 특권을 주지 않는다. 법 앞에서 모두가 평등하고, 공직은 신분이 아니라 능력에 따라 주어진다."

그는 아테네가 스파르타보다 강하다고 말하지 않았다. 대신 아테네는 더 우월한 가치를 지니고 있으며, 그 가치는 모두가 말하고 참여할 수 있는 민주적 질서에 있다고 했다.

그의 말은 역사상 최초로 민주주의의 개념을 철학적으로 정립한 선언이었다. 이는 훗날 에이브러햄 링컨의 "국민의, 국민에 의한, 국민을 위한"이라는 민주주의 개념으로 이어졌다.

페리클레스는 죽은 병사들의 용기를 칭송하며 말했다.

"그들이 죽음으로 지킨 나라를, 우리가 말과 행동으로 지켜야 한다."

그는 애도와 찬사를 넘어, 살아 있는 이들의 각성을 이끌어냈다. 그의 말은 그저 슬픔을 덜어주는 위로가 아니라, 시민의 책임과 자긍심을 불러일으키는 불씨가 되었다.

왜 골든 스피치인가?

페리클레스의 연설은 단지 죽은 자를 추도하는 형식을 넘어 국가의 정체성을 세운 선언문이었다.

이념의 정수 민주주의, 자유, 평등, 공공의식이라는 아테네의 가치가 응축되어 있다.

언어의 힘 문학적 수사와 설득력 있는 논리로 시민의 마음에 불을 지폈다.

역사의 울림 투키디데스가 전한 이 연설은 수천 년이 지난 지금도 정치철학의 교과서처럼 인용된다.

이 연설은 민주정의 이상과 시민의 책임을 담은 '시대를 초월한 메시지'로 남아 있다.

국민을 위한 나라를 설계한 연설

에이브러햄 링컨

1863년 11월, 미국 펜실베이니아주의 작은 마을 게티즈버그. 불과 몇 달 전, 그곳은 남북전쟁 최대의 격전지였다. 수천 명의 병사가 죽고, 피가 대지를 물들였다. 그곳에서 한 묘지를 봉헌하는 조용한 행사가 열렸다. 연설자들이 길고 장황한 추도사를 이어갔고, 마지막 순서로 키가 크고 말수가 적은 대통령이 단상에 올랐다.

에이브러햄 링컨의 연설은 단 272단어, 2분이 채 되지 않았다. 그러나 그 짧은 연설은 미국의 헌법을 다시 쓰게 만들었고, 세계의 민주주의를 다시 정의했다.

전쟁터 한가운데서 '헌법'을 다시 선언하다

"국민의, 국민에 의한, 국민을 위한 정부는 이 지상에서 사라지지 않을 것이다."

게티즈버그 연설은 전쟁의 희생자를 기리는 자리였다. 그러나 링컨은 단지 슬픔을 나누기 위해 그 자리에 선 것이 아니었다. 그는 국민 앞에서 "이 피 흘린 희생이 도대체 어떤 의미를 가져야 하는가?"를 묻고 싶었다.

"87년 전, 우리의 선조들은 이 대륙에 하나의 새로운 나라를 세웠습니다. 자유에 바탕을 두고, 모든 인간이 평등하다는 신념에 헌신한 나라를."

그는 미국독립선언문의 정신을 다시 꺼냈다. 그리고 그 정신을 헌법 앞에 놓았다. 게티즈버그 연설은 미국이라는 국가를 재설계하는 선언이었다. 피 흘린 자들의 이름으로, 링컨은 다시 한 번 국민이 주인 되는 나라를 창조했다.

말은 짧고, 울림은 길었다-2분짜리 헌정연설의 힘

많은 신문은 그의 연설을 보도하지 않았고, 일부는 "지나치게 짧고 인상에 남지도 않는 말"이라고 평했다. 그러나 시간이 흐를수록 미국 역사상 가장 위대한 연설 중 하나였음을 깨닫게 되었다.

그 이유는 단 하나, 그 연설에는 미국의 존재 이유와 미래의 방향이 모두 담겨 있었기 때문이다.

- **국민의 정부**
- **국민에 의한 정부**
- **국민을 위한 정부**

이 세 구절은 단순한 수사가 아니다. 그것은 정부의 본질, 민주주의의 핵심, 그리고 시민의 권리와 책임을 정의한 것이다.

남북전쟁 당시 미국은 분열의 한복판에 있었다. 흑인 노예제를 둘러싼 갈등, 경제적 이해의 충돌, 연방과 주자치권의 갈등. 모든 것이 갈라지고 무너져가던 순간, 링컨은 싸움을 멈추자고 말하지 않았다. 대신 왜 싸워야 하는지를 국민에게 설명했다.

그는 말로 싸움을 정당화하지 않았다. 그는 말로 국가의 이상과 원칙을 다시 세우는 데 집중했다. 그래서 그의 연설은 상대를 공격하지 않으면서도, 국민의 마음을 하나로 묶는 언어가 되었다.

왜 골든 스피치인가?

링컨은 웅변가가 아니었다. 그는 화려한 문장을 구사하지 않았고, 목소리도 무겁고 느렸다. 그러나 그의 말은 국민을 움직였고 역사에 길이 남았다. 그의 연설은 3가지 점에서 '골든 스피치'로 기억된다.

비전의 언어 헌법보다 위대한 가치로 국민을 설득했다.

절제된 언어 짧지만 강력한 단어로 의미를 응축했다.

통합의 언어 갈등의 시대에 국민 전체를 아울렀다.

그의 말은 국가의 정체성이 되었고, 이후의 미국은 그 말 위에서 다시 태어났다.

말로 제국을 설계한 황제

나폴레옹

1796년, 젊은 장군 나폴레옹 보나파르트는 이탈리아 전선에 배치된 군대를 앞에 두고 연설을 시작했다.

"여러분은 헐벗고 굶주려 있다. 그러나 나는 여러분을 가장 비옥한 평야로 이끌 것이다."

배고프고 의욕을 잃었던 병사들은 그의 말 한마디에 눈빛이 달라졌다. 나폴레옹의 언어는 현실의 고통을 부정하지 않으면서도, 눈앞에 놓인 더 큰 영광과 미래를 보여주는 힘이 있었다.

나폴레옹의 연설은 단순한 군사 명령이 아니었다. 그는 병사들의 처지를 이해함과 동시에 '명예, 영광, 부, 조국의 위대함'을 약속했다. 그의 언어를 통해 부하들은 제국의 운명을 함께 짊어질 동반자가 되었다. 전투의 피로와 굶주림은 사라지지 않았지만, 그의 말은 그 모든 것을 견디게 하는 정신적 무기가 되었다.

황제의 목소리, 국가를 설계하다

1804년, 나폴레옹은 스스로 황제의 관을 머리에 쓰고 유럽의 중심에 섰다. 그는 전장에서 군대를 움직이는 언어만이 아니라, 국가를 설계하는 통치자의 언어를 구사했다. '나폴레옹 법전Code Napoleon'은 연설의 형태로 선포되었고, '법 앞의 평등'이라는 문장은 당시 유럽의 봉건적 질서를 뒤흔들었다.

그의 말은 절대군주의 칙령이 아니라 새로운 질서의 선언이었다. 나폴레옹은 군사적 정복으로만 제국을 세우지 않았다. 그는 "내 진정한 유산은 전투가 아니라 법이다"라고 말했다. 그의 법전은 프랑스뿐 아니라 유럽 전역으로 확산되어 근대국가의 기초가 되었다. 통치자의 언어가 곧 제도의 기둥이 된 것이다.

1815년, 엘바섬에서 탈출한 나폴레옹은 다시 제국의 재기를 꿈꾸었다. 총부리를 겨눈 병사들 앞에서 그는 단 한마디를 던졌다.

"나를 죽이고 싶다면, 내 가슴을 겨눠라. 황제에게 총을 쏘아라."

병사들은 무기를 내려놓고, 다시 "황제 만세"를 외쳤다. 말은 총보다 강했다. 그 짧은 순간, 그는 다시 프랑스의 주인이 되었다.

그러나 동시에 그의 언어에는 위험도 숨어 있었다. 그는 대중의 환호를 이끌어내는 데 능숙했지만 그것이 곧 절대 권력을 강화하는 도구가 되었다. 말의 힘은 제국을 일으켰지만, 결국 그를 몰락으로 이끈 오만의 불씨도 내포하고 있었다.

통치자의 언어가 남긴 유산

나폴레옹은 시대를 상징하는 군사 영웅이자 언어의 전략가였다. 병사들에게는 명예와 영광을, 국민에게는 법과 질서를, 유럽에는 새로운 국가 모델을 설파했다. 그의 언어는 전쟁의 북소리를 넘어 근대국가 운영의 교본이 되었다. 하지만 빛과 그림자를 동시에 품고 있었다. 민중을 고무하고 제국을 설계했으나, 결국 무리한 정복과 과도한 자의식으로 파멸의 길을 걸었다.

왜 골든 스피치인가?

나폴레옹의 말은 전장의 구호를 넘어서 국가를 설계하고 시대를 움직인 언어였다. 병사들을 절망에서 일으켜 세운 이탈리아 전선의 연설, 법 앞의 평등을 선언한 나폴레옹 법전, 그리고 총부리를 내려놓게 만든 드라마틱한 귀환의 한마디까지, 그의 말은 역사의 방향을 바꿔놓았다. 제국의 몰락과 함께 비판의 대상이 되기도 했지만, 말이 어떻게 군중을 움직이고 국가를 설계하는지 보여준다.

건국 대통령, 독립과 국가의 언어

이승만

이승만은 한국 현대사에서 가장 논쟁적인 인물이지만, 동시에 국가 건설 시기의 언어를 대표하는 존재였다. 그는 청년 시절부터 영어로 세계와 소통하며 조국의 독립을 호소했다. 1919년 3·1운동 직후 상하이 임시정부와는 별도로 워싱턴에서 외교 활동을 전개하며, 세계 언론과 미국 의회에 "한국은 독립국가다"라는 주장을 끊임없이 펼쳤다.

그의 언어는 민족주의의 외침을 넘어 국제 여론을 움직이는 전략적 수사였다. 한 손에는 독립청원서, 다른 한 손에는 연설문을 들고, 약소국 청년으로서 대국의 정치인들을 설득하려 했다. 힘의 불균형 속에서도 정의와 자주를 외치는 집요함이 있었다.

국가를 세우는 언어

1945년 해방의 순간, 이승만은 귀국 연설에서 "이제 우리에게는 자유가 왔다"라고 외쳤다. 그러나 미군정과 소련의 대립, 분단의 현실 속에서 그는 끊임없이 '자유민주주의 국가'를 강조해야 했다.

특히 1948년 대한민국 정부 수립을 선포한 제헌국회 개회식의 연설은 건국 대통령의 언어로 기록된다.

"우리는 자유민주주의 국가를 세워 세계에 빛날 것이다."

이 선언은 오랜 독립의 열망을 제도와 헌법이라는 구체적인 형태로 옮겨놓는 순간이었다. '자유'와 '민주'를 중심으로 국가 정체성을 설계한 목소리였다.

1950년 한국전쟁이 발발하자, 이승만의 언어는 다시 전장의 성격을 띠게 되었다. "싸워 이겨야 산다"는 절박한 외침 속에는 국민을 단결시키려는 지도자의 언어가 있었다. 미국과 국제사회에 지원을 요청할 때도 그는 "한국은 자유세계의 방패"라는 표현을 반복했다. 그의 말은 한국전쟁을 단순한 지역 분쟁이 아니라 냉전의 최전선으로 각인시켰다.

국내에서는 강경하고 때로는 독단적인 어조로 비판받기도 했지만, 그의 언어는 위기 상황에서 국민을 하나로 묶고, 국제사회에 한국의 존재를 알리는 데 결정적 역할을 했다.

통치자의 언어, 빛과 그림자

이승만의 언어는 권력을 유지하기 위한 수단이 되기도 했다. 그는 자유와 민주를 강조하면서도 장기집권을 시도했고, 그 과정에서 언어는 때로 현실과 괴리되었다. 1960년 4·19혁명 당시, 학생들과 시민들의 항의 앞에서 그의 언어는 설득력을 잃었다. 권력의 언어가 양심의 언어를 따라가지 못했을 때, 청중은 등을 돌린 것이다. 그럼에도 불구하고 이승만이 남긴 연설과 선언은 한국 현대사에서 빼놓을 수 없다. 그의 말은 국가 건설의 서사와 겹쳐 있기 때문이다.

왜 골든 스피치인가?

국제사회에 한국의 독립을 호소한 집요한 외교 연설, 제헌국회 개회식에서 국가 건설 선언, 전쟁 중 국민을 단결시킨 담화까지, 그의 말은 한 민족의 국가적 정체성을 세우는 데 핵심적인 역할을 했다. 비록 권력욕으로 인해 말의 신뢰를 잃은 순간도 있었지만, 한국 현대사에서 이승만의 언어는 여전히 '건국의 스피치'로 남아 있다. 바로 이 점에서 그의 연설은 역사적 무게를 지닌다.

산업화의 비전을 말한 지도자

박정희

1961년 5·16군사정변으로 권력을 잡은 박정희는 군인 출신답게 단호하고 명령적인 언어로 정치 무대에 등장했다. 하지만 곧 대통령이 되면서 그의 언어는 국가의 진로와 경제 발전을 설득하는 비전의 언어로 변해갔다.

"우리의 가난은 우리 스스로의 힘으로 극복해야 합니다. 잘살아보세. 우리도 할 수 있습니다."

이 말은 새마을운동과 산업화의 구호로 확산되며 국민의 의지를 결집시켰다.

경제개발과 자주국방을 위한 언어

1960~1970년대 박정희의 연설은 언제나 경제성장과 근대화를 중심에 두었다.

"한강의 기적은 결코 하늘에서 떨어진 것이 아닙니다. 땀 흘려 일한 국민 모두의 기적입니다."

그의 언어는 국민을 산업 역군으로 독려하며 절약과 근면, 자립을 강조하는 도덕적 수사와 결합되어 가난에서 벗어나고자 했던 국민들에게 강한 동기부여가 되었다.

경제뿐 아니라 안보와 국방에서도 자주적인 국가 건설을 강조했다.

"우리는 더 이상 다른 나라의 보호만을 기다릴 수 없습니다. 우리 스스로 지킬 수 있는 힘을 가져야 합니다."

이것은 자주국방과 국군 현대화의 당위성을 설득하는 언어였다. 동시에 '우리 민족 스스로'라는 민족주의 정서를 자극하여 국민의 결속을 강화했다.

권위주의적 언어와 한계

그러나 박정희의 언어는 점차 국민적 설득에서 권위적 통치의 도구로 변질되었다.

"국민이 혼란에 빠지지 않도록 지도자의 결단이 필요합니다."

이런 수사는 유신체제를 정당화하는 논리로 쓰였고, 강압적 지시의 언어로 변질되었다. 발전을 위한 비전과 함께 권위주의의 그림자가 언어 속에 공존한 것이다.

1979년 10월, 서거 직전까지도 그는 산업화와 안보를 강조하며 국민에게 호소했다.

"우리는 아직도 가야 할 길이 멉니다. 조국 근대화는 멈출 수 없는 우리의 사명입니다."

비극적 최후를 맞이했으나 그의 언어는 산업화시대의 집단 기억

속에 남아 있다.

왜 골든 스피치인가?

박정희의 언어는 오늘의 시각에서 분명 양면성을 지닌다. 그러나 그의 말은 우리나라의 산업화를 이끈 거대한 동력이었다. 절망 속에서 자립의 비전을 제시했고, 근면·자조·협동의 구호로 사회를 결집했다. 그의 언어는 산업화를 촉구하고 국민을 독려하며 근대화의 비전을 제시했다.

개혁과 직설의 언어

김영삼

김영삼은 25세에 최연소 국회의원으로 당선된 이래 평생을 정치와 함께한 인물이었다. 그의 언어는 언제나 직설적이고 단호한 화법이 특징이었다. 그는 국민 앞에서 꾸밈없이 말했고, 권력 앞에서도 주저하지 않았다.

"정치는 국민을 속이는 장사가 아닙니다. 진실을 말하는 것이 정치의 시작입니다."

직선적인 말투가 때로는 논란을 불러일으켰지만, 국민에게 '솔직한 정치인'의 이미지를 각인시켰다.

독재에 맞선 직설의 언어

군사독재 시절 그는 민주화 투쟁의 최전선에서 목소리를 높였다. 1979년, 신민당 총재 시절 그는 유신체제에 맞서 단호하게 선언했다.

"이 땅에 유신의 뿌리를 송두리째 뽑아버리겠다."

이 발언은 곧바로 그의 가택연금과 탄압으로 이어졌지만, 국민에게는 민주화의 불씨를 살리는 상징적 언어가 되었다.

대통령으로서의 개혁 언어

1993년 대통령에 취임한 그는 부정부패 척결과 정치 개혁을 국정의 중심에 두었다. 그는 취임사에서 이렇게 말했다.

"이제 나라를 나라답게 만드는 새로운 시대를 열겠습니다."

그리고 1993년 '하나회 해체'를 단행하며 다음과 같이 선언했다.

"군은 정치에 개입할 수 없습니다. 오직 국가와 국민만을 향해야 합니다."

그의 단호한 언어는 실제 행동으로 이어졌고, 군부 권력의 잔재를 청산하는 계기가 되었다.

1993년 8월, 전격적으로 시행된 금융실명제 발표에서 그는 국민에게 이렇게 호소했다.

"오늘부터는 돈 앞에서 이름을 숨길 수 없습니다. 정의롭고 투명한 경제 질서를 만들겠습니다."

한국의 경제 질서를 바꾸는 중대한 전환점으로 기록된 그의 언어는 제도의 변화를 이끄는 동력이 되었다.

아쉬움으로 남은 말

그러나 그의 언어가 언제나 개혁의 빛만을 지닌 것은 아니었다. 외환위기(IMF 사태)를 겪으면서 그는 국민에게 뼈아픈 사과의 말을 전해야 했다.

"국민 여러분께 고개 숙여 사과드립니다. 모든 책임은 대통령인 저에게 있습니다."

이 발언은 지도자로서 책임 의식을 보여주었지만, 동시에 개혁의 언어가 현실의 한계를 넘어서지 못한 순간이었다.

왜 골든 스피치인가?

김영삼의 언어는 군사독재에 맞선 저항의 직설이었고, 대통령으로서 부정부패 척결을 선언한 개혁의 언어였다. 그는 정치인의 말이 어떻게 제도와 현실을 바꾸는 힘이 되는지를 보여주었으며, 좌절과 한계 속에서도 책임을 회피하지 않는 지도자의 모습을 남겼다. 말로 독재에 맞섰고, 말로 개혁을 촉구했으며, 말로 국민 앞에 책임을 고백한 그의 언어는 한국 현대사에 길이 남을 것이다.

민주주의와 화해를 말한 지도자

김대중

김대중은 평생을 독재정권과 싸우며 민주주의를 지켜낸 지도자였다. 1980년 내란음모 조작 사건으로 사형 선고를 받았을 때조차 그는 두려움보다 확신의 언어로 말했다.

"저는 죽음을 두려워하지 않습니다. 역사는 우리 편입니다. 민주주의는 반드시 승리할 것입니다."

죽음의 위협 앞에서도 흔들리지 않은 그의 언어는 국민에게 민주주의의 불씨를 이어주었다.

민중을 향한 호소

그의 연설은 언제나 국민을 향했다. 1971년 대통령 선거 유세에서 그는 이렇게 외쳤다.

"못살겠다, 바꾸자! 국민이 주인 되는 세상을 만들자!"

이는 단순한 선거 구호가 아니라 권력 독점에 맞서 국민의 주권을 되찾고자 하는 절규였다. 그날 이후 그의 언어는 권력자가 아닌 국민의 편에 서는 정치인의 상징이 되었다.

투옥과 망명 속의 언어

김대중은 수차례 투옥과 망명을 겪을 때마다 언어를 무기로 삼았다. 일본에서 망명 생활을 하던 중 그는 한국의 미래를 이렇게 선언했다.

"민주주의 없는 경제성장은 허상입니다. 인간을 위한 경제, 민주주의를 위한 경제가 아니면 아무 의미가 없습니다."

이는 훗날 한국의 민주주의와 경제 발전을 동시에 이끌 비전의 초석이 되었다.

화해와 평화의 언어

김대중의 언어가 가장 빛난 순간은 대통령 재임 시절에 남북 화해를 위한 노력을 기울일 때였다. 2000년 남북정상회담에서 그는 김정일과 만나 이렇게 말했다.

"우리는 하나의 민족입니다. 분단은 역사가 남긴 비극이지만, 화해와 협력은 우리가 선택할 수 있는 미래입니다."

그의 말은 냉전의 대립을 넘어 평화와 공존의 길을 열었다. 그 결과 노벨평화상을 수상하며 세계사에 이름을 남겼다.

정치 일선에서 물러난 이후에도 그는 민주주의와 평화의 가치를 반복하여 강조했다.

"행동하지 않는 양심은 악의 편입니다."

짧고 강렬한 이 경구는 그의 평생 신념이자 오늘의 세대에도 유효한 시대적 교훈이다.

왜 골든 스피치인가?

김대중의 언어는 죽음의 위협 앞에서도 굴하지 않는 신념이었고, 국민에게 주권을 일깨운 호소였다. 그는 독재에 맞서 민주주의를 지켰고, 분단의 장벽을 넘어 화해와 평화를 제시했으며, 마지막까지 양심을 일깨웠다. 한반도의 평화를 열어젖힌 그의 언어는 한국 현대사에 길이 남을 것이다.

Gravitas

Originality

Logic

Delivery

Emotion

Narrative

2장

정의를 부른 외침 – 저항과 희생의 언어

말은 불의 앞에서 멈추지 않는다

2021년 3월 3일, 미얀마 만달레이. 시민들이 민주화를 외치며 모인 거리 위로 최루탄이 터지고 군용 트럭이 밀려왔다. 비명과 연기가 뒤섞인 혼란 속에서, 열아홉 살 치알 신Kyal Sin의 티셔츠에는 한 문장이 적혀 있었다.
"Everything will be OK(다 잘될 거야)."
눈물이 흙먼지와 섞였고, 사람들의 외침은 점점 메아리로 번졌지만 치알 신은 뒤돌아보지 않고 외쳤다.
"우리는 침묵하지 않겠다!"
순간, 공기가 찢어지는 소리와 함께 총성이 울렸다. 그녀가 쓰러졌고, 사람들은 비명을 삼켰다. 그러나 그녀의 한마디는 총성보다 멀리, 더 깊이 울려 퍼졌다.

시대마다 불의 모양을 달리해왔다. 독재의 총칼로, 정권의 검열로, 또는 무관심의 침묵으로 찾아왔다. 그러나 언제나 그 앞에는 말로 저항한 사람들이 있었다. 그들의 목소리는 한 시대의 운명을 바꾸었다.
말은 단순한 표현이 아니다. 진실을 말한다는 것은 곧 위험을 감수하는 행위이며, 말의 윤리를 몸으로 증명하는 용기다.
역사는 증언한다. 총성이 멎은 자리에 남은 것은 피가 아니라 말이다. 그 말이 사람들의 양심을 깨우고, 새로운 질서를 향한 발걸음을 이끌었다. 그리하여 정의의 외침은 시대의 문을 열었다. 이제 우리는 묻는다. 말은 어디까지 세상을 바꿀 수 있는가? 그 답은 언제나 같다. 말은 불의 앞에서 멈추지 않는다.

꿈으로 세상을 바꾼 언어

마틴 루터 킹

미국 흑인 인권운동의 상징 마틴 루터 킹은 비폭력과 사랑의 언어로 세상을 바꾼 지도자였다. 목사이자 연설가였던 그는 교회 강단에서, 거리의 행진에서, 그리고 국회의사당 앞에서 정의를 외쳤다. 그의 언어는 단순한 정치적 구호가 아니라, 인간의 존엄과 평등을 일깨우는 예언자의 목소리였다.

"우리는 결코 증오로 맞서지 않을 것입니다. 사랑이야말로 우리를 자유롭게 하는 힘입니다."

이 선언은 그가 평생 붙들었던 신념이었다.

인류의 기억이 된 연설

1963년 8월 28일, 워싱턴의 링컨 기념관 앞, 25만 명이 넘는 군중 앞에서 킹 목사는 인류 역사상 가장 유명한 연설 중 하나를 남겼다.

"나에게는 꿈이 있습니다. 언젠가 이 나라가 일어나 모든 인간은 평등하게 창조되었다는 것을 신념으로 삼아 그 진정한 의미를 살려내기를."

"나에게는 꿈이 있습니다. 내 아이들이 언젠가 피부색이 아니라 인격으로 평가받는 나라에서 살게 되기를."

그의 목소리는 희망의 표현을 넘어 인권운동을 불타오르게 한 도화선이었다.

행동을 촉구한 언어

킹 목사의 연설은 꿈과 이상에 머무르지 않았다. 그는 행동을 촉구했다.

"지금이야말로 민주주의의 약속을 현실로 만들 때입니다. 더 이상 기다릴 수 없습니다."

이 절규는 행동으로 이어져 차별 철폐와 투표권 보장을 요구하고, 결국 미국 사회를 바꾼 역사적 전환점이 되었다.

고난과 희망의 언어

킹의 언어는 투쟁의 길에서 탄압과 투옥, 위협을 겪으며 더욱 성숙해졌다. 그는 감옥에서도 희망을 잃지 않았다.

"부당한 법은 법이 아닙니다. 정의가 없는 질서는 결코 평화를 가져올 수 없습니다."(버밍엄 감옥에서 쓴 편지)

그의 언어는 현실의 억압을 넘어 미래를 향한 도덕적 나침반이었다.

최후의 연설

1968년, 암살되기 하루 전날, 킹은 멤피스에서 '나는 산을 넘어가 보았다'는 마지막 연설을 남겼다.

"나는 이제 두려워하지 않습니다. 나는 약속의 땅을 보았습니다. 비록 내가 그 땅에 함께 가지 못할지라도, 우리 민족은 반드시 그 땅에 이를 것입니다."

자기의 죽음을 예감한 그의 언어는 오늘날까지 인류에게 감동을 주는 불멸의 스피치로 남아 있다.

왜 골든 스피치인가?

킹의 언어는 인종차별을 넘어 인류 보편의 가치, 곧 자유와 평등, 사랑과 정의를 선포한 말이었다. 그는 증오 대신 사랑을, 폭력 대신 비폭력을 선택했고, 이상과 행동을 동시에 담아낸 연설로 미국 사회를 바꾸었다. 말로 꿈을 선포했고, 말로 행동을 이끌었으며, 말로 인류의 양심을 깨웠다.

침묵 끝에 정의를 말한 통합의 지도자

넬슨 만델라

1964년 남아프리카공화국, 넬슨 만델라는 피고석에 서 있었다. 그는 백인 정권에 반기를 들었다는 죄로 기소되었고, 수십 년의 징역형 또는 사형이 예상되었다. 법정은 그에게 마지막 변론 기회를 주었다.

그가 입을 열자 침묵하던 정의가 살아났다. 그의 말은 법정 밖을 넘어 전 세계로 울려 퍼졌고, 27년간 감옥에 갇힌 뒤에도 그의 말은 세상을 움직였다.

말은 억압당했지만, 사라지지 않았다

"나는 자유로운 사회의 이상을 위해 싸워왔습니다."

만델라는 아파르트헤이트(인종차별 정책)에 맞서 싸웠다. 흑인은 투표권도 없이 그림자처럼 살아야 했다. 그는 무장을 선택했지만, 그것은 파괴가 아니라 정의에 대한 경고였다. 재판에서 그는 당당하게 말했다.

"나는 백인의 지배에도 반대하고, 흑인의 지배에도 반대합니다.

나는 모두가 조화롭게 살아가는 민주적이고 자유로운 사회를 꿈꿉니다."

그의 말은 자신을 위한 방어가 아닌 한 나라의 미래를 위한 선언이었다.

그는 연설 후 감옥으로 끌려갔다. 로벤섬, 이른바 '침묵의 감옥'이었다. 세상은 그를 잊으려 했고, 언론은 그의 이름을 검열했다. 그러나 그의 말은 침묵 속에서 오히려 더 자랐다. "프리 만델라Free Mandela"는 세계인의 구호가 되었고, 전 세계의 연대로 증폭되었다. 말을 할 수 없었던 시기에 그는 오히려 더 크고 강력한 말의 상징이 되었다.

말로 보복하지 않고, 말로 통합을 선택하다

1990년, 그는 풀려났고, 1994년, 남아공 최초의 흑인 대통령이 되었다. 그를 억압했던 사람들, 그를 감옥에 가뒀던 이들을 처벌할 수 있는 권력을 쥐었지만 그는 말했다.

"우리는 과거를 묻는 것이 아니라, 미래를 설계해야 합니다."

그는 진실화해위원회를 구성하고, 피해자와 가해자가 함께 진실을 밝힐 수 있는 자리를 만들었다.

"용서는 잊는 것이 아닙니다. 용서는 말할 수 있는 용기를 가지는 것입니다."

그의 말은 분노를 넘어서서 한 나라를 통합하는 지혜였다.

왜 골든 스피치인가?

넬슨 만델라는 원고 없이 연설하는 것을 좋아했다. 그의 말은 항상 단순하면서도 정직했고, 무엇보다 진실했다.

고통을 품은 언어 그는 피해자의 입장에서 말하되, 가해자도 인간으로 대했다.

침묵 뒤의 울림 그는 말하지 못한 시간으로, 말의 무게를 증명했다.

통합의 언어 그는 분열된 공동체를 하나로 묶었다.

그의 말은 법을 넘어섰고, 정치보다 오래 남았다. 그의 말은 자신의 생애를 관통했고, 말의 힘이 어떻게 정의를 완성해가는지를 보여주었다. 말은 총보다 느릴 수 있다. 그러나 말은 사람을 바꾸고, 사람은 결국 역사를 바꾼다. 넬슨 만델라는 그 진리를 보여주었다.

침묵을 깨운 한마디, 평등의 불씨

로자 파크스

1955년 12월 1일, 앨라배마주 몽고메리. 하루의 피곤을 안고 버스에 오른 흑인 재봉사 로자 파크스는 백인 승객에게 자리를 내주라는 버스 기사의 지시에 고개를 저었다.

"나는 일어서지 않겠습니다."

짧은 한마디였지만, 그것은 단순한 자리 문제가 아니라 인간의 존엄을 지키려는 결단이었다. 그 순간 파크스는 침묵을 강요당하던 흑인 사회 전체의 목소리가 되었다.

당시 몽고메리를 비롯한 미국 남부는 인종분리법으로 흑인들의 자유를 억압했다. 식당, 학교, 화장실, 심지어 버스 좌석까지 '백인 전용'과 '유색인 전용'으로 나뉘었다. 많은 이들이 불평하면서도 체념했지만 파크스는 달랐다. 그녀는 조용히, 그러나 단호하게 "아니요"라고 말했다.

침묵을 깨운 저항의 언어

파크스의 체포 소식은 순식간에 퍼져나갔다. 몽고메리 흑인 공동체는 들끓었고, 젊은 목사 마틴 루터 킹을 중심으로 대대적인 버스 보이콧 운동이 조직되었다.

"우리는 더 이상 침묵하지 않는다."

이것은 파크스의 한마디로 확장된 공동체의 언어였다. 381일 동안 흑인들은 버스를 타지 않았고, 도시의 교통체계는 마비되었다.

결국 1956년, 연방대법원은 버스 내 인종분리가 위헌이라는 판결을 내렸다. 파크스의 거부와 공동체의 연대가 만들어낸 변화였다. 그녀는 단순히 버스 승객으로 남지 않았다. 그녀의 조용한 저항은 정의를 위한 거대한 외침이 되었다.

그러나 파크스의 삶은 결코 영웅적 승리만으로 점철되지 않았다. 체포 이후 해고된 그녀는 일자리를 잃고 생활고에 시달렸다. 가족과 함께 고향을 떠나야 했으며, 오랫동안 정치적·사회적 보복에 시달렸다. 그녀의 용기에는 큰 희생이 따랐다.

하지만 파크스는 흔들리지 않았다. "내가 한 일은 단지 지쳐서 더는 참을 수 없었기 때문"이라고 말했지만, 그 한마디에는 오랜 준비와 내적 결단이 담겨 있었다.

역사 속에 남은 '아니요'의 힘

파크스의 저항은 전 세계에 울림을 남겼다. '아니요'라는 짧은 한마디가 권력의 부당함을 무너뜨리는 출발점이 되었다. 그녀의 언어는 수많은 흑인들의 가슴에 존엄의 가치를 새겼고, 미국 시민권 운동의 불씨가 되었다.

파크스는 시민권 운동의 상징으로 자리 잡았다. 화려한 정치 무대에 서지 않았지만, 평생 사회정의와 평등을 위한 활동을 이어갔다. 그녀의 삶 전체가 "정의는 말에서 시작된다"는 사실을 증언했다.

왜 골든 스피치인가?

로자 파크스의 말은 거대한 연설문도, 화려한 수사도 아니었다. 그러나 "나는 일어서지 않겠습니다"라는 짧은 한마디는 인종차별의 구조를 흔든 정의의 불씨였다. 그의 언어는 침묵을 강요당한 이들의 마음을 깨우고, 공동체의 행동을 촉발했다. 바로 그 점에서 파크스의 언어는 단순한 저항이 아니라 역사적 전환을 만든 '골든 스피치'다. 오늘 우리에게도 묻는다. 부당함 앞에서 우리는 과연 '아니요'라고 말할 용기를 가지고 있는가?

분노의 언어로 정의를 외친 투사

말콤 엑스

말콤 엑스는 고난으로 점철된 청년기를 보냈다. 어린 시절 아버지를 인종주의자들에게 잃고, 가난과 범죄의 늪에 빠져 교도소에 수감되기까지 했다. 그러나 그곳에서 그는 글을 배우고, 이슬람 민족주의 운동에 눈을 뜨면서 완전히 다른 길을 선택했다. 그의 목소리는 교도소 벽을 뚫고 거리로 퍼졌고, 억눌린 흑인들의 분노와 좌절을 대변하는 언어가 되었다.

"우리는 더 이상 기다릴 수 없다"

1950~1960년대 미국 사회는 흑백 분리와 인종차별이 여전히 공고했다. 말콤 엑스는 대중 앞에서 날카로운 언어로 흑인들의 현실을 고발했다. 그는 마틴 루터 킹 목사의 비폭력 노선과 달리, 정의를 얻기 위해서는 "필요하다면 폭력으로 맞서야 한다"고 외쳤다. "자유를 위해서라면 어떤 수단도 불사하겠다"는 구호는 당시 흑인들의 분노와 절망을 압축한 선언이었다.

그의 연설은 군중을 흔들었다. 흑인들은 더 이상 수동적인 피해자가 아니라, 스스로 존엄을 지켜야 할 주체라는 자각을 얻었다. 말콤 엑스의 언어는 저항의 날카로운 칼날이자, 억눌린 이들에게 자기 존재를 긍정하게 한 거울이었다.

급진적 저항, 그리고 희생

그러나 그의 언어는 백인 사회뿐 아니라 일부 흑인 지식인들에게도 두려움과 논란을 불러일으켰다. 그는 "백인 사회는 결코 흑인에게 정의를 주지 않을 것"이라고 단언했고, 미국의 근본적인 변화를 요구했다. 이런 급진적인 언어는 FBI의 감시와 백인 우월주의자들의 적개심을 불러일으켰다.

1965년, 뉴욕 할렘에서 연설을 준비하던 그는 괴한들의 총탄에 쓰러졌다. 겨우 마흔의 나이였다. 그의 죽음은 폭력의 시대가 남긴 비극이었지만, 동시에 그의 언어가 지닌 위험성과 파괴력을 보여주는 순간이기도 했다.

분노에서 희망으로

죽기 전 몇 년간 말콤 엑스의 언어에는 변화의 조짐이 있었다. 그는 메카 성지순례를 다녀온 뒤 인종을 넘어선 보편적 정의와 연대를 말하기 시작했다. 흑백의 대립을 넘어, 모든 억압받는 이들이 함께 자유를 추구해야 한다는 새로운 목소리는 이전보다 더 넓은 지평을 보여주었다. 그러나 그는 끝내 그 길을 온전히 걸어가지 못했다.

그의 언어는 분노에서 출발했지만 정의와 존엄을 향한 열망으로 이어졌고, 이후 흑인 해방운동과 전 세계 인권운동에 깊은 영향을 미쳤다.

왜 골든 스피치인가?

말콤 엑스의 언어는 화해보다는 저항, 온건보다는 급진적인 투쟁으로 기억된다. 그러나 그가 아니었다면, 흑인들의 분노와 좌절은 세상에 그토록 선명히 드러나지 못했을 것이다. 그는 권력과 차별에 맞서 "정의는 기다림이 아니라 쟁취하는 것"임을 증언했다. 짧고 거친 생애였지만, 인종차별과 억압에 맞서는 이들에게 살아 있는 불씨였다.

자유의 새벽을 연 인도의 목소리

자와할랄 네루

자와할랄 네루는 영국의 식민지였던 인도에서 태어나 젊은 시절부터 독립운동에 몸을 던졌다. 변호사로서 안정된 길을 걸을 수도 있었지만, 그는 간디와 함께 민중 속으로 들어가 독립을 외쳤다. 영국 당국은 그를 여러 차례 투옥했고, 9번 이상 감옥살이를 했다. 그러나 오히려 그곳에서 사유와 글쓰기를 통해 사상적 깊이를 더했다. 《인도의 발견》,《세계사 편력》등은 옥중에서 쓴 것이다. 네루의 언어는 억압 속에서도 꺼지지 않는 저항의 불꽃이었다.

'운명과의 약속'-자유의 선언

1947년 8월 14일 자정, 인도가 영국으로부터 독립을 맞이한 순간, 네루는 역사적인 연설을 했다. '운명과의 약속 Tryst with Destiny'이라 불리는 이 연설에서 그는 말했다.

"한낮의 시련과 어둠을 뚫고, 이제 우리는 운명과의 약속을 이행할 때가 되었다. 오래전부터 기다려온 순간이 찾아왔다. 이제 인도는 자유를 얻는다."

그의 목소리는 단순히 독립을 알리는 선언이 아니었다. 수많은 희생을 견딘 민중의 고통을 어루만지면서, 새로운 국가의 비전을 제시하는 언어였다. 그 순간 인도는 제국의 식민지에서 민주공화국으로 태어났다.

저항과 희생 위에 세운 꿈

네루는 독립의 기쁨 속에서도 냉혹한 현실을 외면하지 않았다. 분할 독립으로 인한 인도와 파키스탄의 갈등, 수백만 난민과 학살의 비극은 그가 직면한 과제였다. 그러나 그는 연설에서 복수와 증오를 부추기지 않았다. 오히려 "우리는 자유를 얻었지만, 더 큰 책임이 우리 앞에 놓여 있다"라고 말하며, 희생 위에서 새로운 미래를 세워야 한다는 점을 강조했다.

그의 언어는 단호했지만 동시에 차분했다. 이는 단순한 정치적 수사 이상의 의미였다. 폭력과 혼란 속에서도 그는 국민에게 '국가 건설'이라는 공동의 과제를 제시했다. 저항과 희생의 언어가 미래로 나아가는 다리로 전환된 순간이었다.

국제사회를 향한 메시지

네루의 목소리는 인도 내부에만 머물지 않았다. 그는 비동맹 운동을 주도하며, 세계 무대에서 약소국의 권리와 평화를 외쳤다. 냉전의 양극화 속에서 "우리는 어느 쪽에도 속하지 않고, 인류 전체를 위한 길을 가겠다"는 선언은 식민지에서 갓 독립한 국가들에게 큰 용기를 주었다. 네루의 언어는 인도의 독립만이 아니라 제3세계 전체의 자존심과 연대를 상징했다.

왜 골든 스피치인가?

네루의 언어는 단순한 정치 지도자의 말이 아니었다. 그는 감옥에서 깊이를 더한 지성과 양심으로 민중을 일깨웠고, 역사적 순간에 '운명과의 약속'을 선언하며 인도의 미래를 열었다. 그의 말은 저항의 언어이자 치유의 언어였고, 희생을 넘어 미래를 설계하기 위한 선언이었다. 오늘 우리에게도 묻는다. 독립과 자유를 손에 쥔 순간, 우리는 어떤 새로운 운명을 선택할 것인가?

말로 싸운 신세대 저항의 상징

닥터 사사

2021년 3월, 군부 쿠데타로 미얀마의 민주정부가 무너지고 거리에 총성이 울렸다. 수천 명의 시민이 체포되었고, 수백 명이 목숨을 잃었다. 탄압이 이어지는 가운데 전 세계가 주목한 연설이 있었다. 화면 속 청년은 군복도, 방탄조끼도 입지 않았다. 그러나 그의 단단한 말은 전 세계 외교 무대에 진실을 던졌다. 바로 미얀마 임시정부 대변인 겸 특사로 유엔에서 군부를 정면으로 비판한 닥터 사사Dr. Sasa다.

그의 연설은 소셜미디어를 통해 번역되고, 짧은 영상으로 재편집되어 퍼졌다. 누군가는 그의 말을 인용한 짧은 트윗으로 연대를 표현했고, 또 누군가는 거리 시위의 피켓에 그의 문장을 새겼다. 닥터 사사의 연설은 한 국가의 외교 발언을 넘어, 온라인 공동체가 함께 만들어간 연대의 언어로 확장되었다.

무대는 없었고, 권위도 없었다-그러나 말은 진실이었다

닥터 사사는 정치인이 아니었다. 본래 그는 가난한 산촌마을에서 의료시설을 세워 사람들을 돌보던 의사였고, 쿠데타 이후 시민 저항에 합류하며 국민통합정부ᴺᵁᴳ의 외교 대변인이 되었다. 2021년 유엔 연설 당시, 그는 스튜디오가 아닌 방에 앉아 화상으로 전 세계를 향해 말했다.

"지금 미얀마에서는 매일같이 어린이가 죽어가고 있습니다. 거리에서, 집 안에서, 심지어 어머니의 품안에서도."

그 말은 정치적 논평이 아니었다. 현장의 진실을 담은 고발이었고, 인간의 고통을 말로 번역해내는 절절한 기록이었다.

말의 투쟁, 말의 연대-세계는 그의 말에 응답했다

그의 연설이 있던 날, 유엔 회의장은 침묵했고, 몇몇 대표는 눈물을 흘렸다.

"국제사회는 이제 결단해야 합니다. 외교적 수사를 멈추고, 생명을 살리는 행동을 해야 합니다."

그의 외침은 국제 외교 무대의 문법을 깨뜨렸다. 관례와 절차, 중립과 신중이라는 이름 아래 폭력이 방치되는 현실을 정면으로 겨냥했다. 이 연설은 미얀마 시민들에게도 엄청난 희망과 응원의 메시지가 되었다. 인터넷이 끊긴 지역에서조차 사람들은 USB와 라디오를 통해 그의 말에 귀를 기울였다.

"당신의 말이, 우리를 지켜주는 유일한 방패였습니다."(한 시민의 SNS 메시지)

그의 말은 무엇이 달랐는가?

그는 연설가로 훈련받지 않았다. 그의 억양은 완벽하지 않았고, 카메라 앞에서도 조심스러웠다. 그러나 그의 말은 전통적인 스피치의 틀을 넘어 신세대 저항의 언어로 평가받는다.

증언의 언어 그는 사상이나 주장이 아닌, 현장의 고통을 '전달'했다.

감정의 정당화 분노와 눈물이 스피치의 일부가 되어 진실성을 더했다.

연대의 호소 "이것은 미얀마만의 문제가 아닙니다. 민주주의는 우리가 함께 지켜야 할 인간의 가치입니다."

그는 청중에게 정치적 지지를 요구하지 않았다. 다만 인간으로서 함께 울어달라고 요청했을 뿐이다.

왜 골든 스피치인가?

닥터 사사는 탁월한 수사로 말하지 않았다. 그의 말은 단순했고, 때론 떨렸으며, 숨을 고르는 순간도 있었다. 그러나 바로 그 불완전한 진심이 완전한 감동을 이끌어냈다.

그의 말은 세계의 양심을 깨웠으며, 미얀마의 수많은 젊은이들에게 '말을 통해 저항한 시대의 상징'이 되었다. 그는 말은 총알보다 느리지만, 훨씬 멀리 간다는 것을 증명했다.

말은 정치의 도구가 될 수 있다. 그러나 말은 동시에 생명을 살리는 외침이 될 수도 있다. 그는 디지털 시대, 아시아 민주주의의 최전선에서 정의를 외친 투사였다.

닥터 사사의 말은 결코 완벽하지 않았지만, 그 불완전함 속에 담긴 진심이 우리 모두의 가슴을 흔들었다. 그는 말이라는 느린 무기를 들고, 그 어떤 총알보다도 멀리, 더 깊이 세상을 변화시키는 꽃이 되었다. 닥터 사사는 말로 시대의 상처를 어루만지고, 미래를 향한 정의의 길을 묵묵히 걸어간 진정한 골든 스피치의 전설로 남을 것이다.

Gravitas

Originality

Logic

Delivery

Emotion

Narrative

3장

미래를 밝힌 연설들 – 꿈과 통합의 언어

꿈과 통합의 언어, 시대를 이끌다

역사의 전환점마다 사람들을 하나로 묶고 미래의 길을 밝힌 것은 언제나 꿈과 통합의 언어였다. 그것은 공허한 약속이 아니라, 절망의 시대에 희망을 심고, 분열의 사회에 새로운 길을 제시한 불씨였다.

1961년, 존 F. 케네디는 "국가가 당신을 위해 무엇을 해줄 수 있는지 묻지 말라. 당신이 국가를 위해 무엇을 할 수 있는지를 물어라"는 구호로 공동체적 책임을 일깨웠다. 그리고 같은 해 달 탐험을 선언하며 인류가 불가능을 넘어설 수 있다는 믿음을 심어주었다. 그것은 단순한 과학기술의 진보가 아니라 인간 정신의 무한한 가능성을 일깨우는 언어였다.

미하일 고르바초프는 냉전의 대립을 넘어서 협력과 평화의 가능성을 말했다. 그의 언어는 세계 질서의 재편을 예고했고, 철의 장막 뒤에서 신음하던 수많은 이들에게 희망의 빛이 되었다.

지도자들은 각기 다른 자리에서 공통적으로 꿈과 통합을 노래했다. 그들의 언어는 단순한 이상이 아니라 새로운 현실을 열어젖힌 창조적 선언이었다. 오늘 우리에게 필요한 것도 바로 그런 목소리다. 꿈을 말하고, 분열을 넘어 통합을 외치는 언어가 역사를 움직이고 미래를 밝힌다.

암흑 속에서 희망을 노래한 목소리

윈스턴 처칠

1940년 봄, 나치 독일이 유럽을 휩쓸고 있던 시기, 영국은 절체절명의 위기에 놓여 있었다. 네빌 체임벌린이 물러나고 새 총리에 오른 윈스턴 처칠은 의회 연단에 섰다. 국민들이 전쟁의 공포 속에 절망한 가운데, 화해론이 힘을 얻고 있었다. 그러나 처칠은 타협이 아닌 저항을 선택했다. 그는 첫 연설에서 "피, 수고, 눈물, 그리고 땀"을 약속하며 국민을 깨웠다. 지도자의 언어가 국가의 운명을 좌우하는 순간이었다.

"우리는 결코 항복하지 않는다"

1940년 6월, 프랑스가 무너지고 영국이 홀로 서게 되자, 처칠은 다시 의회에서 목소리를 높였다. 그는 "우리는 해변에서 싸울 것이고, 상륙지에서 싸울 것이며, 들판과 거리에서 싸울 것이고, 언덕에서 싸울 것이다. 우리는 결코 항복하지 않을 것이다"라고 선언했다.

이 연설은 단순한 전쟁 독려가 아니었다. 패배의 공포를 희망으로 바꾸는 힘, 분열을 통합으로 바꾸는 힘이었다. 국민은 총리의 단호한 목소리에서 의지를 확인했고, '고립된 섬나라'는 단일 공동체로 거듭났다.

꿈을 제시한 언어, 통합의 불씨

처칠의 언어는 전쟁터의 군사적 구호가 아니었다. 그는 민주주의와 자유를 지켜야 한다는 미래의 가치를 강조했다.

"이제 전 세계가 알게 될 것이다. 영국이 어떤 민족인지, 우리가 어떤 꿈을 위해 싸우는지."

그의 연설은 오늘을 견디라는 메시지가 아니라, 내일을 위한 꿈을 심어주는 메시지였다.

어려움 속에서도 영국 국민은 그 꿈을 붙잡았다. 런던 대공습으로 폭탄이 퍼붓던 밤에도 시민들은 처칠의 언어를 기억하며 서로를 격려했다. 그의 목소리는 전 국민을 잇는 정신적 끈이었다.

전쟁이 끝나자 처칠의 언어는 다시 미래를 향했다. 1946년 미국에서의 연설에서 그는 '철의 장막 Iron Curtain'이라는 표현으로 냉전의 도래를 경고했다. 동시에 그는 자유세계의 단결과 국제 협력의 필요성을 역설했다. 전쟁의 언어에서 평화와 통합의 언어로 시대의 변화를 이끌었다.

왜 골든 스피치인가?

윈스턴 처칠의 언어는 절망 속에서도 희망을, 분열 속에서도 단결을 심어준 꿈과 통합의 언어였다. '피와 땀과 눈물'이라는 현실을 직시하면서 "우리는 결코 항복하지 않는다"는 단호한 선언은 영국 국민을 하나로 묶어 역사의 흐름을 바꿨다. 또한 국제 협력과 평화라는 미래의 비전을 제시하며, 언어가 어떻게 시대를 설계할 수 있는지를 보여주었다. 오늘 우리에게도 위기 속에서 어떤 언어가 필요한지를 일깨운다.

무너진 프랑스를 다시 일으킨 목소리

샤를 드골

1940년 6월, 나치 독일의 전격전에 프랑스는 순식간에 무너졌다. 파리는 점령당했고, 프랑스 정부는 독일과 휴전을 선택했다. 국민들이 절망 속에 굴복을 받아들이던 그때, 한 무명의 장군 샤를 드골은 런던으로 향했다. 그리고 BBC 방송국에서 역사적인 연설을 남겼다.

"프랑스는 전투에서 패했을지 모르지만 전쟁에서 패한 것은 아니다."

이 한마디는 무너진 프랑스인의 심장을 다시 뛰게 했다.

그의 목소리는 라디오 전파를 타고 프랑스 전역으로 퍼져나갔다. 총 대신 언어가 레지스탕스의 무기가 되었고, 드골은 망명지에서 '자유 프랑스'를 상징하는 인물이 되었다.

"프랑스는 결코 사라지지 않는다"

드골의 언어는 패배의 상처 속에서도 민족의 자존심을 되살렸다. 그는 "프랑스에는 아직 식민지, 아직 바다, 아직 동맹국이 있다. 프랑스는 결코 사라지지 않는다"고 선언했다. 이 말은 프랑스가 독일의 속국이 아닌, 다시 일어설 국가라는 희망을 심어주었다.

레지스탕스 운동가들은 그의 목소리를 들으며 '자유 프랑스'라는 이름으로 저항을 이어갔다. 드골의 언어는 지리적으로는 멀리 있었지만, 정신적으로는 프랑스 민중의 가슴속에 자리 잡았다. 라디오는 곧 프랑스의 새로운 국경선이 되었고, 그의 언어는 무너진 민족을 잇는 다리가 되었다.

통합의 지도자로서의 언어

전쟁이 끝나고 드골이 프랑스로 돌아왔을 때, 그의 과제는 단순한 해방이 아니었다. 점령과 협력, 저항과 분열로 찢긴 사회를 통합하는 것이었다. 그는 "프랑스는 하나다"라고 선언하며, 과거의 상처를 넘어 미래를 향한 단합을 촉구했다. 드골의 언어는 분열된 사회에 화해와 재건의 비전을 심어주었다.

그는 단순히 정치권력을 잡는 것이 아니라, 국가의 정체성을 다시 세우는 언어를 사용했다. "프랑스는 위대하다"라는 말은 국민에게 자부심을 심어주었다. 언어가 단순한 정치적 수단을 넘어 민족의 정체성을 재구성하는 도구가 된 것이다.

전후 프랑스와 미래를 향한 비전

드골은 이후 제5공화국의 초대 대통령으로서, 강력한 리더십과 함께 프랑스의 위상을 회복했다. 그는 독자적 외교 노선을 추구하며 "프랑스는 미국도, 소련도 아닌, 프랑스만의 길을 간다"고 천명했다. 그의 말은 냉전 속에서 작은 나라로 전락할 수 있었던 프랑스를 세계 정치의 중심으로 다시 불러 세웠다.

그의 언어는 현실 정치의 전략이었을 뿐 아니라, 국민에게 자부심과 미래의 비전을 제시했다. 전쟁과 점령, 혼란 속에서도 그는 국민에게 "프랑스는 다시 위대해질 것"이라는 믿음을 심어주었다.

왜 골든 스피치인가?

샤를 드골의 언어는 패배의 어둠 속에서 꺼지지 않는 등불이었다. "전투에서 패했을지 모르나 전쟁에서 패한 것은 아니다"라는 말은 단순한 구호가 아니라 국민을 다시 세운 선언이었다. 그의 언어는 저항의 무기였고, 해방 후에는 통합의 언어였으며, 나아가 프랑스를 미래로 이끌었다. 그것은 역경의 순간에 한 지도자의 단호한 말이 민족의 운명을 바꿀 수 있음을 보여주었다.

통합과 이상을 꿈꾼 민족의 목소리

김구

김구는 한국 근현대사에서 가장 강렬한 목소리를 가진 지도자였다. 일제강점기 그는 옥고와 망명을 거듭하면서도 굴하지 않았다. 1919년 3·1운동 직후 상하이로 건너가 임시정부 활동에 헌신했고, 마침내 주석으로 선출되었다. 임시정부에서 그의 언어는 단순한 항일 구호가 아니었다.

"우리는 결코 노예가 아니다. 우리의 조국은 반드시 다시 서리라."

그의 연설은 절망에 빠진 동포들에게 희망의 불씨가 되었고, 세계열강 앞에서는 한국 독립의 정당성을 알리는 외교적 선언이었다. 그는 영어와 중국어를 익히며 국제사회와 소통했고, 유럽과 미국에도 한국인의 목소리를 전하려고 애썼다. 그의 언어는 좁은 국경을 넘어 국제 여론을 겨냥한 전략적 저항의 도구였다.

《백범일지》에 담긴 이상

김구는 단순히 독립만을 추구하지 않았다. 《백범일지》에서 그는 자신이 꿈꾸는 나라의 비전을 고백했다.

"나는 우리나라가 가장 부강한 나라가 되기를 원하는 것은 아니다.…… 오직 한없이 가지고 싶은 것은 높은 문화의 힘이다."

이 말은 단순히 경제적 독립을 넘어선 이상주의적 선언이었다. 그가 말한 '문화의 힘'은 곧 도덕적 품격, 정의로운 제도, 인류 평화로 이어지는 가치였다. 한국이 강대국의 힘을 흉내 내는 나라가 아니라, 인류에 기여하는 나라가 되기를 바랐던 것이다. 식민지 백성의 언어를 넘어, 보편적 인류애의 언어를 사용했다는 점에서 그의 발언은 독특했다.

분열의 시대, 통합을 외치다

광복은 기쁨과 동시에 새로운 비극을 안겨주었다. 한반도는 남과 북으로 갈라지며 냉전의 소용돌이에 휘말렸다. 많은 정치 지도자들이 권력과 체제 선택에 몰두할 때, 김구는 통합을 위한 절규를 쏟아냈다.

"38선을 베고 쓰러질지언정 나는 분단을 원치 않는다."

그는 남한 단독정부 수립을 끝까지 반대하며, 평양까지 직접 올라가 북측 지도자들과 회담을 시도했다. 현실적 타협이 불가능하다는 것을 알면서도, 민족 통합을 위한 최소한의 몸부림을 멈추지 않았다. 그의 언어는 비현실적인 이상처럼 보였지만, 민족의 양심을 일깨우는 목소리였다.

민족의 아버지로 남은 언어

김구는 권력욕보다 원칙을 중시했다. 대한민국 초대 대통령 자리를 마다하면서까지 분단 반대의 뜻을 굽히지 않았다. 그에게 정치권력은 통일과 독립을 이루는 수단일 뿐이었다. 1949년 경교장에서 암살당했을 때, 많은 이들이 그의 죽음을 '민족의 비극'이라고 불렀다.

김구의 말은 단순한 정치 구호가 아니었다. 그것은 고난 속에서 꺼지지 않은 민족의 혼이었고, 미래 세대를 향한 선언이었다. 지금도 한국인의 가슴속에 정의, 통합, 이상을 향한 끊임없는 목소리로 남아 있다.

왜 골든 스피치인가?

김구의 언어는 시대를 뛰어넘는 가치를 지향했다. 국제 무대에서 독립을 설파한 연설, 《백범일지》에 담긴 이상주의적 고백, 남북 분단 앞에서의 절규, 이 모든 것은 한 지도자의 목소리를 넘어 민족의 양심이 되었다. 그는 권력보다 통합을, 물질보다 문화를, 분열보다 이상을 선택한 지도자였다. 그것은 오늘도 우리에게 묻는다. 우리는 어떤 나라를 꿈꾸고, 어떤 말로 미래를 설계할 것인가?

미래를 여는 도전의 언어

존 F. 케네디

1961년 1월, 미국 역사상 최연소 대통령으로 취임한 존 F. 케네디는 차갑게 얼어붙은 워싱턴 거리에 섰다. 세계는 냉전으로 갈라져 있었고, 미국 내부 역시 불안과 분열로 흔들리고 있었다. 그러나 케네디는 젊음과 에너지, 그리고 명료한 언어로 희망을 제시했다. 취임 연설에서 그는 이렇게 말했다.

"국가가 당신을 위해 무엇을 해줄 수 있는지를 묻지 말라. 당신이 국가를 위해 무엇을 할 수 있는지를 물어라."

이 한마디는 개인의 책임을 공동체의 미래와 연결시키며, 미국인들을 하나로 묶는 도전의 언어였다.

꿈과 통합을 향한 메시지

케네디는 냉전의 위기 속에서도 세계 평화를 강조했고, 가난과 차별 속에서 소외된 이들의 권리를 지키겠다고 약속했다. 그의 목소리는 미국 내부의 다양성을 꿰어내는 통합의 힘이었고, 동시에 전 세계를 향한 희망의 메시지였다.

그는 청년들에게 "역사는 우리에게 맡겨진 책임을 요구한다"고 호소하며, 개인적 안락함을 넘어선 공공의 봉사를 촉구했다. 이러한 언어는 이상주의와 현실주의를 절묘하게 결합한 것이었다.

달을 향한 도전-미래의 비전

1961년 9월, 휴스턴 라이스대학교 연단에 선 케네디는 인류의 상상력을 뛰어넘는 선언을 했다.

"우리는 달에 가기로 결정했습니다. 단지 쉬워서가 아니라 어렵기 때문입니다."

이 우주 탐험은 불가능에 도전하는 인간 정신의 상징이었고, 미국 국민을 하나로 묶는 거대한 목표였다. 당시 소련과의 우주 경쟁에서 뒤처지고 있던 미국은 케네디의 말 한마디로 자신감을 되찾았다.

그의 언어는 '달 착륙'이라는 구체적인 목표를 심어주는 동시에, 인류가 기술과 정신의 한계를 넘어설 수 있다는 보편적 희망을 제시했다.

위기 속의 통합-평화를 향한 호소

케네디의 언어는 전쟁을 선동하기보다 평화를 모색하는 데도 힘을 발휘했다. 1962년 쿠바 미사일 위기 당시 냉정하면서도 단호한 담화를 발표해 불안을 잠재웠다. 또한 1963년 아메리칸대학교 졸업식 연설에서는 "우리 모두가 같은 숨을 쉬고, 같은 별을 바라본다"며, 냉전의 벽을 넘어 인류적 연대를 호소했다.

그의 말은 미국을 넘어서 인류 전체를 위한 희망의 선언이었다.

왜 골든 스피치인가?

케네디의 언어는 젊음과 도전, 그리고 통합의 상징이었다. 취임 연설에서 그는 국민을 책임과 봉사의 길로 이끌었고, 라이스대학교 연설에서는 인류의 미래를 달이라는 상징적 목표로 열어젖혔다. 위기의 순간에도 그는 평화와 연대를 호소하며, 분열을 넘어 화합을 이끌 수 있음을 보여주었다. 그것은 오늘도 우리에게 묻는다. 당신은 개인의 이익을 넘어 공동체와 인류를 위해 어떤 도전을 선택할 것인가?

희망의 불을 당긴 언어의 혁명가

버락 오바마

2008년 1월, 미국 아이오와 코커스(당원대회) 직후, 한 무명의 흑인 후보가 마이크 앞에 섰다. 그의 얼굴은 지쳐 있었지만 눈빛은 맑았다. 그날 밤, 그는 단 세 마디로 미국 정치를 뒤흔들었다.

"우리는 할 수 있다 Yes, We Can."

그의 말은 단순한 선거 구호가 아니었다. 미국 사회 곳곳에 희망의 불을 당긴 언어의 혁명이었다.

'불가능한 대통령'의 시작

버락 오바마는 하와이에서 태어나 인도네시아에서 유년기를 보냈고, 하버드대학교 로스쿨을 나와 변호사가 되었지만 정치 무대에서는 '가능성 없는 인물'로 치부되었다.

2004년, 민주당 전당대회 연설에서 처음으로 세상에 이름을 알렸고, 4년 뒤 미국 역사상 첫 아프리카계 대통령 후보로 지명되었다. 그러나 그가 진짜 대통령이 된 비결은 '배경'이 아니라 '말'이었다.

"이것은 한 사람의 캠페인이 아닙니다. 이것은 여러분의 움직임입니다."

그는 사람들에게 투표보다 참여와 책임을 일깨웠다.

희망과 변화-말로 만든 집단의 감정

오바마는 '희망'과 '변화'라는 단어를 기계처럼 반복하지 않았다. 그는 말의 맥락과 리듬, 공감의 온도를 설계했다. 2008년 11월 4일, 대선 승리 후 시카고 그랜드파크에서 열린 연설에서 그는 말했다.

"이 순간을 오랫동안 기다려왔습니다. 하지만 오늘 밤, 미국에 변화가 찾아왔습니다."

그는 자신의 감정을 억제하면서 국민의 감정을 대변했다. 그가 흘린 눈물보다 그가 울지 않고 버텨낸 말이 더 많은 이들을 울렸다.

오바마 언어의 특징

그의 스피치는 단순하면서도 시적이고, 변호사의 논리와 흑인 설교자의 열정, 그리고 시인의 울림을 함께 지녔다.

공감의 구조화 "나는 당신을 본다. 당신이 겪는 것을 안다. 그리고 우리는 함께 이겨낼 것이다."

반복의 리듬 "우리는 할 수 있다"를 비롯해 같은 문장을 리듬 있게 반복함으로써 군중의 호흡을 하나로 묶었다.

세대와 인종을 아우르는 포용 노인, 여성, 장애인, 이민자…… 모든 '경계선'에 다리를 놓는 언어였다.

왜 골든 스피치인가?

오바마는 정치적 언어에 시를 불어넣은 사람이었다. 그는 말로 한 사회의 상처를 어루만졌고, 분열된 미국을 임시로나마 통합했다. 그의 말은 유토피아를 지향하면서도 현실적이었다. 그는 말로 정치의 벽을 넘지 못할 때, 공감의 사다리를 놓아 국민을 끌어올렸다.

그의 언어는 말보다 위대한 '공명'이었다.

"나는 당신의 희망에서 왔다."

"우리는 함께 이 여정을 시작했으며, 함께 걸어갈 것이다."

버락 오바마는 말을 통해 역사의 뒤편에 있던 이들에게 '주인공'이라는 이름을 건넨 사람이다. 그는 말로 꿈꾸게 했고, 말로 움직이게 했다.

연민과 공감의 언어로 분열을 안은 리더

저신다 아던

2017년, 37세의 나이로 뉴질랜드 총리에 오른 저신다 아던은 세계 최연소 여성 지도자 중 한 명이었다. 정치적 경험이 많지 않다는 이유로 회의적인 시선도 있었지만, 그녀는 신선한 감각과 따뜻한 언어로 국민의 마음을 얻었다. 아던의 언어는 권위적 명령이 아니라, 공감과 소통으로 가득 차 있었다. 그녀는 지도자의 권력을 보여주기보다 마음으로 다가갔다.

위기 속에서 드러난 리더십

2019년 3월, 뉴질랜드 크라이스트처치에서 끔찍한 총기 테러가 발생해 51명의 무슬림 신도가 목숨을 잃었다. 세계가 충격에 휩싸였을 때, 아던은 곧바로 검은 히잡을 두르고 피해자 가족들을 찾아가 껴안으며 위로했다. 그리고 대국민 연설에서 단호히 말했다.

"그들의 이름을 말하지 맙시다. 범죄자를 영웅으로 만들지 맙시다. 대신 희생자의 이름을 기억합시다."

이 언어는 단순한 애도 이상의 의미였다. 그녀는 증오의 언어를 차단하고, 사랑과 연대의 언어로 공동체를 묶었다. 그녀의 목소리는 분열의 상처를 치유하는 힘이었고, 세계 언론은 이를 '공감의 정치'라고 불렀다.

코로나19 팬데믹 속의 희망

2020년 전 세계를 강타한 코로나19 팬데믹 상황에서 아던의 언어는 다시 빛을 발했다. 그는 매일같이 국민에게 상황을 설명하며 "우리는 500만 명의 팀team of five million"이라는 표현을 사용했다. 이는 뉴질랜드 전체 인구를 하나의 공동체로 묶는 언어였다.

그녀는 과학적 사실을 바탕으로 명료하게 설명하면서도, 불안에 휩싸인 국민들에게 따뜻한 위로를 건넸다. "우리는 성공할 것입니다. 함께라면 반드시 이겨낼 수 있습니다." 그녀의 말은 공포 속에서 희망의 불씨를 지켜낸 힘이었다.

정치적 이상을 넘어, 새로운 지도자의 모델

아던의 언어는 단지 위기 관리용 메시지가 아니었다. 그녀는 양극화된 세계에서 '친절'과 '공감'이라는 단어를 정치 담론의 중심에 올려놓았다. 지도자의 말이 날카로운 명령이나 선동이 아니라, 사람들을 하나로 묶고 미래의 방향을 제시하는 통합의 언어가 될 수 있음을 보여주었다.

그녀는 기후변화, 성평등, 소수자의 권리 문제에서도 같은 어조를 유지했다. 그녀의 언어는 단순한 정책 설명이 아니라, 모두가 더 나은 세상에 동참할 수 있다는 초대장이었다.

왜 골든 스피치인가?

저신다 아던의 언어는 거창한 수사보다 따뜻한 공감에서 출발한다. 테러와 팬데믹 같은 위기 속에서 국민을 단합시키며 '우리'라는 공동체 의식을 심어주었다. 또한 지도자의 언어가 공포와 분열을 키우는 것이 아니라, 희망과 연대를 확산시키는 도구가 될 수 있음을 증명했다. 그것은 우리에게 묻는다. 당신의 말은 사람들을 갈라놓는가, 아니면 하나로 묶는가?

국가 존엄을 생중계한 디지털 시대의 리더

볼로디미르 젤렌스키

볼로디미르 젤렌스키는 우크라이나 현대사에서 가장 극적인 궤적을 걸은 지도자다. 정치 경력이 아닌 코미디언과 배우 출신으로 대통령이 되었을 때 많은 사람들은 의아해했다. 그러나 그는 특유의 소통 능력과 친근한 언어로 국민의 신뢰를 얻었고, '국민과 가까운 대통령'이라는 이미지를 구축했다. 그는 권위적인 연설보다 진솔하고 직설적인 말로 대중을 사로잡았다.

전쟁의 포화 속에서 울린 외침

2022년 2월 러시아의 전면 침공이 시작되었을 때, 젤렌스키의 리더십은 본격적으로 시험대에 올랐다. 수도 키이우가 포위될 위험에 처했을 때, 미국은 그에게 안전한 망명을 제안했다. 그러나 그는 단호히 거절하며 말했다.

"나는 탈출할 교통편이 아니라 싸울 무기가 필요하다."

이 말은 세계를 뒤흔들었다. 지도자가 국민과 운명을 함께하겠다는 결단을 언어로 보여준 순간이었다. 그 한 문장은 총칼보다 강력한 무기가 되었고, 우크라이나 국민을 단결시켰다.

젤렌스키는 이후 연일 각국 의회와 국제기구를 향해 화상 연설을 이어갔다. 미국 의회에서는 마틴 루터 킹을 인용해 "나에게는 꿈이 있습니다. 그러나 오늘 나는 방어 체계가 필요합니다"라며 공감을 이끌어냈고, 영국 의회에서는 처칠을 떠올리게 하는 어조로 "우리는 숲에서 싸울 것이고, 들판에서 싸울 것이며, 거리에서 싸울 것입니다"라고 외쳤다.

그는 각 나라의 역사와 정서를 절묘하게 짚어내며 맞춤형 언어를 구사했다. 일본 의회에서는 히로시마와 후쿠시마를 언급했고, 독일 연방의회에서는 베를린 장벽을 비유로 들었다. 그의 연설은 단순한 지원 요청이 아니라, 세계 시민 모두에게 연대와 정의를 호소하는 메시지였다.

국민과 함께한 언어, 희망을 심다

젤렌스키는 전쟁 내내 국민과 직접 소통하는 언어를 잃지 않았다. 그는 군복 차림으로 카메라 앞에 서서 "나는 여기 있습니다. 우리는 함께 이곳에 있습니다"라고 선언하며, 지도자가 도망치지 않았음을 보여주었다. 매일같이 국민에게 보내는 영상 메시지는 전쟁의 피로 속에서도 희망의 불씨를 지켜냈다.

그의 말은 위로이자 동원, 공감이자 결단이었다. 눈물에 젖은 목소리로 "우리는 재건할 것이고, 자유를 지킬 것이다"라고 말했다.

국민들은 그의 목소리에서 대통령이 아닌 '함께 싸우는 이웃'을 보았다.

젤렌스키의 언어는 우크라이나를 넘어 세계의 연대를 이끌어냈다. 그의 호소는 수십억 달러의 군사적·인도적 지원으로 이어졌고, 수많은 나라의 광장에서 우크라이나 국기가 펄럭였다. 그는 전쟁의 참상을 한 국가의 문제가 아니라 자유와 민주주의라는 인류 보편의 가치로 말했다.

왜 골든 스피치인가?

젤렌스키의 언어는 전쟁이라는 극한 상황에서 국민을 단결시키고 세계를 움직였다. "나는 탈출할 교통편이 아니라 싸울 무기가 필요하다"라는 선언, 세계 각국 의회를 울린 맞춤형 연설, 국민에게 매일 건넨 짧은 영상 메시지, 이 모든 것이 언어의 힘을 보여주었다. 그의 말은 포탄 속에서도 희망을 지켜낸 언어였고, 자유와 존엄을 위한 저항의 선언이었다. 그것은 우리에게도 묻는다. 위기의 순간, 당신은 어떤 언어로 사람들을 지켜낼 것인가?

Gravitas

Originality

Logic

Delivery

Emotion

Narrative

4장

한국 현대사의 말들 – 역사를 찾아서

분열의 땅에서, 말은 다리를 놓았다

해방의 아침은 밝았지만, 하루아침에 동포가 적이 되었다. 이념이 피를 부르고, 진영이 사람들을 갈라놓았다. 그 속에서도 여운형은 "우리가 다시 만나야 한다"고 말했다. 그의 말은 총성보다 약했지만, 역사는 그 한마디를 오래 기억했다.

사람들은 폭력보다 양심을 믿었고, 함석헌은 조용히 물었다. "뜻으로 본 역사는 어디로 가고 있는가." 그 물음은 곧 한 시대의 양심이 되었다.

총칼의 시대를 지나며, 장준하는 감옥에서도 외쳤다. "민주주의는 피를 먹고 자란다." 그의 말은 쇠창살을 뚫고 사람들의 마음에 심어졌다.

김수환 추기경은 분열의 상처 위에 손을 얹고 말했다. "서로 미워하지 맙시다. 우리 모두가 불쌍합니다." 기도의 언어는 한 시대의 상처를 감싸 안았다.

노무현의 말은 권력의 언어가 아니라, 서민의 일상에서 길어 올린 인간의 언어였다. 그가 떠난 후에도 사람들은 말했다. "그의 말이 곧 민주주의였다."

김동길은 설득으로, 이어령은 사유로 시대를 일깨웠다. 한 사람은 자유의 책임을, 한 사람은 언어의 철학을 가르쳤다. 그들의 언어는 다투는 세상 속에서 '생각하는 인간'을 잃지 않도록 붙들었다.

돌이켜보면, 한국 현대사의 말은 언제나 분열의 강 위에 놓인 다리였다. 어떤 이는 그 다리를 건너며 화해를 외쳤고, 어떤 이는 다리 아래서 다시 사람을 구했다. 그들의 말은 서로 달랐지만, 모두 한 방향을 가리켰다. 인간의 회복, 양심의 귀환.

오늘 우리는 그들의 말이 남긴 흔적 위에서, 또다시 분열과 증오의 시대를 건너야 한다. 역사는 우리에게 묻는다. 우리의 언어는 지금, 다리를 놓고 있는가?

통합과 화해를 외친 민족의 언어

여운형

1945년 8월 15일 해방 직후, 여운형은 민중 앞에 나서서 민족의 새로운 길을 제시했다. 그는 환호와 혼란 속에서 단호히 말했다.

"조선은 해방되었다. 그러나 진정한 해방은 우리 스스로의 손으로 나라를 세울 때 이루어진다."

이 선언은 단순한 환영사가 아니라, 식민의 사슬을 끊은 민족이 앞으로 나아갈 길을 보여준 첫 지도자의 목소리였다.

좌우를 아우른 통합의 언어

해방 정국에서 가장 치열한 과제는 분열을 극복하는 일이었다. 여운형은 좌와 우, 민족 내부의 갈등을 넘어 하나의 길을 모색했다. 1945년 9월, 건국준비위원회를 이끌며 그는 이렇게 천명했다.

"우리는 좌익도 우익도 아니다. 다만 조선 사람일 뿐이다. 하나된 조선으로 서야 한다."

이 말은 이념보다 민족을 우선시하는 통합의 언어였고, 해방 공간의 혼란 속에서 가장 절실한 메시지였다.

민중 속에서 울린 목소리

여운형의 언어는 대중 친화적이었다. 그는 강단의 추상적인 구호가 아니라, 민중이 이해할 수 있는 언어로 민주주의와 자주독립을 설명했다.

"정치는 국민의 밥상에서 시작해야 한다. 굶주린 이들을 먹이지 못하는 정치는 헛된 말잔치일 뿐이다."

이 발언은 민생을 정치의 중심에 놓겠다는 결의였으며, 민중 속으로 들어가는 언어였다.

1947년 7월, 여운형은 정세 악화 속에서도 끝까지 희망을 놓지 않았다. 암살되기 전, 그는 가까운 이들에게 이렇게 말했다.

"끝까지 희망을 버려서는 안 된다. 우리는 반드시 하나의 나라로 설 수 있다."

비극적인 최후에도 그의 언어는 분열을 넘어선 통합의 메시지로 남았다.

시대의 화해자로서

여운형은 해방 공간의 폭풍 같은 정치 현실에서 좌우를 아우르고, 민족의 미래를 설계한 화해자였다. 그의 언어는 대립을 넘어서는 길을 제시했고, 그 자체가 시대를 가로지르는 다리였다.

"싸움은 외세와 해야지, 동포끼리 해서는 안 된다."

그의 목소리는 지금도 분열의 위기 앞에서 울림을 주는 경구로 남아 있다.

왜 골든 스피치인가?

여운형의 언어는 해방의 순간에 민족의 길을 제시한 선언이었고, 좌우를 넘어 하나의 민족을 세우려는 화해의 메시지였다. 그는 민중의 삶 속으로 들어가 희망과 통합을 향한 언어를 남겼다. 말로 민족을 깨우고, 말로 분열을 넘어설 길을 제시했으며, 말로 희망을 심은 그의 언어는 한국 현대사에 길이 남을 것이다.

양심의 언어로 시대를 일깨운 사상가

함석헌

함석헌은 한국 현대사에서 독특한 위치를 차지한다. 그는 정치 지도자도, 제도권 학자도 아니었지만, 언어의 힘으로 시대를 움직인 사람이었다. 일제강점기, 젊은 역사학자로 출발한 그는 한국사를 '씨알의 역사'로 규정했다. '씨알'은 작은 씨앗이자 보잘것없는 민중을 뜻했다. 역사의 주체는 위대한 영웅이 아니라 이름 없는 다수라는 그의 관점은, 이후 그의 모든 연설과 글의 바탕이 되었다.

그에게 언어란 민중의 존재 가치를 일깨우는 도구였다. 지배자의 기록 속에 지워졌던 사람들, 억눌려 있던 목소리를 다시 세워주는 것이 사명이라고 그는 믿었다. 그래서 함석헌의 말은 단순하지만 깊었다.

억압 속에서도 멈추지 않은 목소리

해방 이후 한국은 분단과 전쟁, 독재와 군사정권의 시기를 거쳤다. 많은 이들이 두려움 속에 침묵했지만 함석헌은 연단에 섰다. 그는 1970년대 긴급조치로 침묵을 강요당하던 시절, "양심은 죽일 수 없다"는 선언을 남겼다. 언론이 봉쇄되고 거리가 군홧발로 메워질 때, 그의 한마디는 두려움에 굳어 있던 사람들의 가슴을 흔들었다.

그의 강연은 화려하지 않았다. 때로는 더듬거리는 듯 조용한 말투였지만, 청중은 그 속에서 꺾이지 않는 힘을 느꼈다. 그는 사람들에게 영웅이 되라고 하지 않았다. 대신 각자의 자리에서 양심에 따르라고 말했다. 이것이 곧 씨알의 언어였다.

민주주의를 향한 도덕적 외침

1980년 광주민주화운동 이후, 한국 사회는 깊은 상처로 침묵에 잠겼다. 그러나 함석헌은 다시 시대를 일깨웠다. 그는 민주주의를 선거제도나 권력 교체의 문제가 아니라 인간 내면의 양심과 책임에서 출발하는 것이라고 보았다. "민주주의는 피를 먹고 자란다. 그러나 그 피가 헛되지 않으려면 양심이 살아야 한다." 그의 발언은 민주화 운동 세대에게 도덕적 정당성을 부여했다.

그의 언어는 단호하면서도 차분했다. 청중은 그의 말 속에서 단순한 분노가 아니라, 역사와 인간 존재를 꿰뚫는 깊이를 느꼈다. 그것은 분노를 넘어 성찰로 이끌었고, 투쟁을 넘어 희망을 심어주었다.

예언자의 언어, 치유의 언어

함석헌은 종종 '한국의 간디' 혹은 '시대의 선지자'로 불렸다. 그의 언어는 권력의 폭력에 맞선 저항이자, 분열된 사회를 치유하는 목소리였다. 그는 독재의 부당함을 고발하는 동시에, 사회 전체가 더 깊은 자기 성찰로 나아가야 한다고 강조했다. 그래서 그의 언어는 종교적·철학적 울림을 담은 예언자의 말이었다.

"씨알이 살아야 나라가 산다." 이 단순한 문장은 그가 전하고자 한 메시지를 압축한다. 작은 존재가 스스로의 가치를 깨달을 때 사회는 비로소 변한다. 그의 말은 시위 현장에도, 강연장에도, 교회 예배당에도 울려 퍼지며 사람들의 삶을 흔들었다.

왜 골든 스피치인가?

함석헌의 언어는 당장의 정치적 승리를 가져오지는 않았다. 그러나 세대를 넘어 도덕적 기준을 세우고, 민주주의의 방향을 일깨웠다. 그의 말은 권력 앞에서 굴하지 않는 양심의 선언이었고, 민중의 존재 가치를 드러낸 진실의 언어였다. 그것은 지금도 우리에게 묻는다. 당신은 양심에 따라 말할 준비가 되어 있는가?

자유와 민주를 외친 책임의 언어

장준하

장준하는 일제강점기 일본군 학병으로 끌려갔다가 목숨을 걸고 만주에서 탈출해 광복군에 합류했다. 해방 이후 그는 언론인, 사상가, 정치인으로 활동하며 평생을 자유와 민주주의에 헌신했다. 그의 말은 늘 역사의 빚을 갚기 위한 양심의 언어였다.

"내 청춘은 나라를 되찾는 데 바쳤고, 해방 이후에는 그 빚을 민주주의로 갚아야 한다."

그의 삶 전체는 이 언어의 고백 위에 세워졌다.

권력 앞에서 멈추지 않은 말

1960년 4·19혁명 이후에도 한국 사회는 군부독재로 치닫고 있었다. 장준하는 권력의 압박에도 굴하지 않고 끊임없이 목소리를 냈다.

"독재는 총칼로는 지킬 수 있어도, 민심으로는 결코 지킬 수 없다."

"권력자가 역사를 쓰는 것이 아니라, 국민이 역사를 쓴다."

이 발언들은 억압된 민중을 향한 설득이자 약속이었다.

언론과 강단에서 울린 양심

장준하는 잡지 《사상계》를 통해 민족과 민주주의의 가치를 설파했다. 그는 언론이 권력의 나팔수가 되어서는 안 된다고 주장했다.

"언론은 권력의 손에 들린 북이 아니라, 국민의 가슴에 울리는 종소리여야 한다."

"사람들이 진실을 외면할 때, 언론이 진실을 말해야 한다."

그의 글과 강연은 1960~1970년대 민주화 세력에게 사상적 토대와 영감을 제공했다.

옥중에서도 꺾이지 않은 언어

반독재 투쟁 과정에서 그는 수차례 투옥되었지만, 옥중에서도 그의 말은 멈추지 않았다.

"감옥은 내 몸을 가둘 수 있어도, 내 양심을 가둘 수는 없다."

"진실은 돌로 막아도 새싹처럼 돋아난다. 그 새싹이 바로 우리의 말이다."

옥중의 언어는 권력의 폭압보다 더 강력한 힘을 지닌, 인간의 마지막 자유를 증명했다.

민주주의의 증언자로서

정치의 길에 들어선 이후에도 그는 끝까지 양심의 언어를 놓지 않았다. 국회 연설, 강연, 칼럼에서 그는 국민에게 호소했다.

"민주주의는 먼 훗날의 이상이 아니라, 지금 여기에서 우리가 지켜야 할 삶의 방식이다."

"나는 권력자가 아니라, 국민 앞에 책임 있는 사람으로 말하고 싶다."

그는 정치인 이전에 '말하는 양심'이었다.

1975년, 장준하는 의문의 죽음을 맞이했다. 그의 장례식장은 민주주의를 염원하는 시민들로 가득 찼고, 그의 말은 추모와 저항의 언어로 되살아났다.

"우리 민족은 자유를 포기할 수 없다. 자유 없는 생존은 굴종일 뿐이다."

그의 죽음은 권력의 억압 속에 침묵을 강요받던 사회에 더 큰 울림을 남겼다.

왜 골든 스피치인가?

장준하의 언어는 독립운동가의 경험에서 비롯된 진정성과 민주주의에 대한 확신을 담고 있다. 그는 권력 앞에서도 침묵하지 않았고, 감옥에서도 말의 책임을 다했다. 언론인으로서, 정치인으로서, 그리고 한 인간으로서 그의 언어는 시대의 양심을 대변했다. 장준하는 말로 자유를 외쳤고, 말로 민주주의를 지켰으며, 말로 역사를 증언한 인물이다.

시대를 위로한 말의 지도자

김수환

한국 최초의 추기경 김수환은 한국 현대사에서 '시대를 위로한 말의 지도자'로 기억된다.

"우리 모두 사랑받기 위해 태어난 사람입니다."

이 단순한 한마디는 상처받은 이들을 일으켜 세우는 힘이었고, 절망 속에 위로였으며, 분열된 사회에 화해와 용기를 뿌려주었다.

시대의 슬픔 속에 선 성직자

1970년대 유신체제의 억압이 거세던 시절, 청년 노동자 전태일이 분신하여 세상을 떠났다. 그의 장례 미사를 집전한 이는 김수환 추기경이었다. 그는 강단에서 이렇게 말했다.

"가난한 이들의 고통에 교회가 귀를 닫고 있다면, 그것은 하느님의 침묵이 아닙니다. 우리의 책임입니다."

이 말은 종교적 울타리를 넘어 사회 전체에 울려 퍼졌고, 한국 사회의 양심을 깨우는 도덕적 외침으로 남았다.

침묵과 증언 사이에서

1980년 5월 광주에서 무고한 시민들이 계엄군의 총칼에 쓰러졌을 때, 그는 공식적인 항의는 못 했으나 광주 출신 신자들과 함께 울며 기도했다. 훗날 이 시기를 회고하며 그는 스스로를 책망했다.

"그때 나는 더 강하게 말했어야 했습니다. 진실 앞에 침묵한 것은 회개의 대상입니다."

자기 고백의 언어를 통해 그는 성인으로 존경받는 존재가 되었고, 시대를 이끄는 도덕적 권위로 자리매김했다.

1987년 6월항쟁으로 민주화의 열기가 고조되던 시기, 그는 거리의 분노가 폭력으로 번지는 것을 막기 위해 공개 미사에서 이렇게 당부했다.

"용서하십시오. 그러나 진실은 잊지 마십시오."

이 짧은 문장은 분노에 휩싸인 민중의 언어를 가라앉히고, 이성과 화해의 길을 열어주었다. 사회적 갈등을 중재하고 폭력의 확산을 방지한 도덕적 균형추였다.

약자의 편에 선 말

김수환 추기경은 늘 약자의 편에 서 있었다. 힘없는 이들, 목소리를 내지 못하는 이들의 대변자였다. 그의 언어는 정제된 성직자의 말이면서도 인간적 따뜻함이 담겨 있었다.

"말을 아끼는 것도 미덕이지만, 말해야 할 때를 두려워하지 마십시오."

그는 거리에서, 강론에서, 병상에서도 책임 있게 말한 사람이었다.

왜 골든 스피치인가?

김수환 추기경의 언어는 꾸짖음보다 위로가 앞섰고, 분열과 증오의 시대에 용서와 화해를 열었으며, 말의 책임을 끝까지 지켜낸 성직자의 증언이었다. 그는 말을 통해 시대를 위로했고, 말을 통해 사회를 품었으며, 말로써 세상에 따뜻한 길을 남겼다.

민주주의를 향한 소박한 열정의 언어

노무현

노무현은 한국 현대사에서 가장 진솔한 언어를 구사한 정치인 가운데 한 사람이었다. 그는 스스로를 '바보 노무현'이라 불렀고, 기성 정치의 관습과 권력에 맞서며 민주주의의 길을 걸었다. 영남 지역주의의 벽 앞에서 번번이 좌절하면서도 굴하지 않았고, 끝내 국민의 선택을 받아 대통령에 올랐을 때, 이는 한 개인의 승리를 넘어 한국 민주주의의 새로운 가능성을 상징했다.

그의 언어에는 진정성과 인간적 온기가 있었으며, 힘없는 다수에게는 위로와 희망이 되었다. 바로 그 점에서 그는 권력자가 아니라, 국민과 함께 호흡한 연설가로 남았다.

역사의 현장에서 울린 언어들

노무현의 말은 역사적 순간마다 깊은 울림을 남겼다.

2003년 대통령 취임사에서 그는 "권위적인 대통령이 아니라, 국민과 친구 같은 대통령이 되겠다"고 선언했다. 권력자의 언어 대신 시민의 언어를 선택한 드문 사례였다.

정치 초년기와 변호사 시절 그는 '사람 사는 세상'을 줄곧 외쳤다. 이는 단순한 구호가 아니라 정치와 민주주의가 결국 국민의 일상과 삶을 지켜야 한다는 신념의 표현이었다.

생애 마지막 언어는 더욱 깊은 울림을 주었다. "원망하지 마라. 운명이다"라는 그의 유서는 정치인의 메시지라기보다 인간적 고백이었다. 바로 그 진실성이 오래도록 남아 지금도 회자된다. 노무현의 말은 그의 삶과 분리되지 않았으며, 언어는 곧 그의 존재와 일치했다.

노무현 화법의 특징

생활 언어 추상적인 민주주의를 일상의 언어로 번역했다. "민주주의는 밥 먹는 문제다"라는 말은 국민 누구나 공감할 수 있는 표현이었다.

정직한 자기 노출 그는 자신의 부족함과 실수조차 감추지 않았다. "저도 정치 잘 모릅니다"라는 고백은 권위자의 언어라기보다 인간적 성찰의 언어였다.

광장의 언어 연단보다는 시민과 직접 마주할 때 힘을 발휘했다. 청중과 눈을 맞추고 호흡하며 대화하듯 전개하는 그의 화법은 '쌍방향 스피치'의 전범이었다.

한국 현대사의 화법 속에서의 위치

노무현의 언어는 김대중의 지적 설득, 김영삼의 직설적 결단과는 또 다른 길을 걸었다. 김대중의 말이 민주주의 원리를 철학적·지적으로 풀어낸 언어였다면, 김영삼의 말은 권위와 결단을 드러내는 직설의 언어였다. 노무현의 말은 시민의 삶 속으로 파고든 친근한 언어였다. 그의 언어는 한국 정치가 엘리트 담론에서 시민적 공감의 장으로 옮겨 가고 있음을 보여주는 전환점이었다.

왜 골든 스피치인가?

삶과 신념이 그대로 녹아든 진정성의 언어였다. 기성 정치의 관습을 벗어나 시민의 언어로 민주주의를 번역했고, 때로는 눈물과 웃음을 교차시키며 청중과 호흡했다. 그의 말은 권력자의 일방적 선포가 아니라, 국민과 함께 울고 웃는 대화였기에 대중의 마음을 움직였고, 진정성이 곧 최고의 설득력임을 보여주었다.

시대를 설득한 자유주의자의 언어

김동길

김동길은 역사학자이자 명강사였으며, 정치적 논객으로도 이름을 남긴 인물이다. 그는 '말 잘하는 지식인'의 상징과도 같았다. 1970~1980년대, 유신과 군부정권의 엄혹한 시대에 대학교 강단에서 자유와 책임, 양심과 민주주의를 이야기했다.

"자유란 그 무엇보다 소중한 것이다. 자유 없이 번영도 없다."

그의 말은 학문적 지식을 넘어 시대의 억압에 맞서는 정신적 무기였다. 강의실을 가득 메운 청년들은 그의 언어를 통해 시대를 새롭게 읽었고, 사회의 방향을 성찰했다.

자유와 양심의 언어

김동길은 대중 강연과 방송을 통해서도 자유와 양심을 강조했다. 그는 권력 앞에서 침묵하지 않았고, 불의 앞에서 타협하지 않았다.

"내가 살고 싶은 나라는 자유로운 나라요, 누구도 겁주지 않고, 누구도 겁먹지 않는 나라요."

이 발언은 1980년대 암울한 시절, 억눌린 대중에게 큰 울림을 주었다. 학자의 언어를 넘어 자유시민의 선언과도 같았다.

또한 그는 늘 지식인의 사회적 책임을 상기시켰다.

"학자는 강의실에만 머물러서는 안 됩니다. 시대의 고통을 말해야 합니다."

그의 언어는 침묵의 시대를 깨우는 도덕적 호소력을 가지고 있었다.

지식의 대중화를 이끈 화법

김동길의 강연과 저술은 언제나 알기 쉽게 다가왔다. 그는 서구의 정치사상이나 역사적 사건도 누구나 이해할 수 있는 언어로 풀어냈다. 때로는 유머를 곁들이며 청중의 마음을 열었다.

"어려운 말을 쉽게 하는 것이 지식인의 의무입니다. 백성들이 이해하지 못하는 말은 죽은 학문입니다."

이 말은 그의 화법을 압축적으로 보여준다. 학문은 교단에 갇혀서는 안 되고, 사회와 호흡해야 한다는 신념이었다.

시대의 설득자

김동길은 말로써 사람들을 설득하는 데 뛰어났다. 강단과 방송, 신문 칼럼을 통해 그는 늘 대중과 소통했고, 정치 현장에서도 말로 자신의 입장을 분명히 했다.

"말은 시대를 바꾸는 가장 값싼 무기입니다. 그러나 이 무기를 양심으로 쓰지 않는다면, 그 말은 독이 됩니다."

그는 언어를 무기로 삼되, 언제나 양심의 방향으로 사용하려 했다. 바로 이 점에서 그는 명강사를 넘어 시대의 설득자로 자리매김했다.

왜 골든 스피치인가?

김동길의 언어는 언제나 품격을 지닌 지식인의 말이었다. 그는 자유와 양심의 가치를 설파하며 한 시대의 정신적 지표를 세웠고, 어려운 지식을 쉽게 풀어내 대중과 소통했다. 그의 말은 강단을 넘어 사회 전체에 울림을 주었으며, 학자의 설득과 품위를 지닌 언어가 어떻게 시대를 움직이는지를 보여주었다.

언어로 세상을 해석한 지성의 목소리

이어령

이어령은 문학평론가, 언론인, 교육자, 문화부 장관으로서 한국 현대 지성사에 굵직한 궤적을 남긴 인물이다. 그는 말의 힘을 누구보다 잘 이해한 지식인이었다. 강연과 저술, 방송에서 시대를 향해 근본적인 질문을 던지며 사람들에게 새로운 시각을 열어주었다.

"흙 속의 진주처럼, 말 속에도 보석이 숨어 있습니다. 그것을 발견하는 사람이 지식인입니다."

이 말은 언어의 본질에 대한 통찰이었다.

시대의 질문을 던진 지성

1960년대 그는 〈우상의 파괴〉를 발표하며 한국 문학과 사회에 도전적인 메시지를 던졌다. 청년 세대에게 그는 끊임없이 질문을 요구했다.

"젊은이여, 질문하라. 질문이 없는 사회는 이미 죽은 사회다."

"사람은 답으로 성장하지 않습니다. 질문으로 성장합니다."

그의 언어는 청년들에게 사고의 지평을 넓히는 불씨가 되었다.

권력과 대중 사이에서

이어령은 지성인의 책무를 다하되 권력과 대중 사이에서 균형을 잃지 않았다. 문화부 장관 시절 그는 다음과 같이 선언했다.

"문화 없는 경제성장은 껍데기입니다. 문화가 밥이고, 문화가 힘입니다."

그의 발언은 정치와 경제 중심의 시대 담론을 넘어 문화의 가치를 국가적 차원에서 부각시켰다. 또한 그는 대중을 향해서도 이렇게 말했다.

"지식인은 말을 높이는 사람이 아니라, 사람들의 삶 속으로 말을 낮추는 사람입니다."

이는 지식인의 언어가 대중과 연결되어야 한다는 그의 신념을 보여준다.

죽음을 앞두고 남긴 고백의 언어

생애 마지막 시기, 이어령은 암 투병 중에도 언론과 강연을 통해 마지막 메시지를 남겼다. 그는 자신을 "죽음을 공부하는 사람"으로 소개하며 말했다.

"이제는 희망이 아니라 사랑을 말하고 싶습니다. 사랑이야말로 남은 생을 지탱하는 마지막 언어입니다."

"죽음은 끝이 아니라 또 다른 질문의 시작입니다."

이 고백은 단순한 개인의 체험을 넘어, 모든 인간에게 주어진 보편적 주제를 성찰하게 했다.

이어령은 문학과 철학, 신학과 과학까지 넘나들며 언어의 연금술사로 불렸다. 그의 언어는 삶과 죽음, 과거와 미래, 동양과 서양을 연결하는 다리를 놓았다.

"말은 인간의 마지막 집입니다. 그 집을 잘 짓는 것이 우리의 몫입니다."

"언어는 인간이 가진 가장 큰 예술이며, 동시에 가장 큰 책임입니다."

그의 말은 경계를 넘는 사유이자, 시대를 초월하는 증언이었다.

왜 골든 스피치인가?

이어령의 언어는 단순한 지식 전달이 아니라, 시대를 향한 질문과 성찰을 담은 지성의 목소리였다. 그의 언어는 사회를 해석하고 문화의 중요성을 일깨웠으며, 마지막에는 사랑과 죽음이라는 인간적 주제를 담담히 고백했다. 그의 말은 학자와 지식인의 울타리를 넘어 대중에게 깊은 울림을 주었다.

Gravitas

Originality

Logic

Delivery

Emotion

Narrative

5장

말과 예술의 경계에서 – 언어로 감동을 준 사람들

언어가 예술이 될 때

말은 세상을 움직였고, 예술은 그 말을 영원히 남겼다. 언어가 노래가 되고, 시가 외침이 되던 시절이 있었다.

1940년대, 일제강점기의 어둠 속에서 시인 윤동주는 하늘을 바라보며 다짐했다. "하늘을 우러러 한 점 부끄럼이 없기를." 그 한 줄은 시가 아니라 기도였고, 죽음을 넘어 지금까지 살아 있는 양심의 목소리가 되었다.

1970~1980년대의 한국에서, 노래는 또 하나의 언어였다. 김민기의 노래, 김광석의 목소리는 단순한 선율이 아니라, 억눌린 시대를 향한 진실의 외침이었다. 기타 하나, 목소리 하나로 수천 명의 청중을 울린 무대, 그 순간 말과 예술은 하나였다.

세계의 예술가들도 언어로 시대를 흔들었다. 미국의 시인 마야 안젤루는 침묵을 넘어 흑인 여성의 존엄을 노래했고, 찰리 채플린은 웃음 속에서 독재와 전쟁을 고발했다. 그리고 인도의 시성 타고르는 "나의 조국은 깨어나리라"는 예언의 시로 식민지 시대의 인도에 희망의 불씨를 남겼다. 그들의 예술은 단순한 표현이 아니라 저항의 언어, 억눌린 사람들에게 건네는 자유의 언어였다.

시가 기도이고, 언어가 빛이던 시대, 예술은 언제나 인간의 양심과 손을 잡고 있었다. 붓끝, 현악기, 몸짓 속에도 언어는 살아 있다. 말과 예술이 만나는 그 경계에서, 언어는 단순한 소리가 아니라 감동을 빚는 생명이 된다.

이 장은 바로 그 경계의 기록이다. 시로, 노래로, 웃음으로 세상을 바꾼 사람들의 언어를 되짚는다. 그들의 목소리는 오늘도 우리에게 묻는다. 말은 어디까지 예술이 될 수 있고, 예술은 어디까지 말을 대신할 수 있는가?

시와 노래로 세상을 깨운 인도의 목소리

타고르

라빈드라나드 타고르는 1913년, 아시아 최초로 노벨문학상을 수상한 시인이자 사상가다. 그는 인도의 전통적 시 형식과 서구 문학을 융합해 보편적 가치를 담은 언어를 만들어냈다. 그의 시집 《기탄잘리Gitanjali》는 신과 인간, 자유와 사랑을 노래하며 전 세계 독자들에게 감동을 주었다. 타고르는 억압받는 인도의 현실 속에서 시와 노래를 통해 민족의 자존과 희망을 일깨웠다.

언어로 쓴 독립의 노래

영국 식민지 지배 아래에서 타고르는 무력 투쟁보다 '언어의 힘'으로 인도인들에게 정신적 자각과 문화적 자존감을 심어주었다. 그의 노래 〈자나 가나 마나Jana Gana Mana〉는 훗날 인도의 국가가 되었고, 또 다른 곡 〈아마르 쇼나르 방글라Amar Shonar Bangla〉는 방글라데시의 국가로 채택되었다. 그의 시는 민족의 목소리가 되어 울려 퍼진 것이다.

그는 "자유는 우리 안에 이미 존재한다. 우리는 그것을 깨워야 한다"라고 말했다. 그의 언어는 식민지 현실을 넘어서는 영적·정치적 선언이었다.

동서양을 잇는 사상가의 목소리

타고르는 인도의 전통을 소중히 지키면서도, 서구 문명을 열린 마음으로 받아들인 사상가였다. 그는 민족주의의 좁은 울타리를 넘어 인류 보편의 자유와 평화 속에서 인도의 독립과 세계의 연대를 바라보았다.

1929년, 그는 일본에서 강연을 열고 "인류의 자유는 하나이고, 아시아의 문화는 여전히 빛난다"고 설파했다. 그 무렵 조선 유학생들은 타고르에게 일제강점기 조선의 현실을 전하며 조국의 어둠을 토로하였다. 타고르는 이들의 이야기를 깊이 받아들였고, 이후 인도 산티니케탄으로 돌아간 뒤, 조선을 향한 한 편의 시를 지어 건넸다.

이 시가 바로 훗날 〈동방의 등불〉로 불리게 된 작품이다. 그 시는 유학생들의 편지와 걸음과 암송을 통해 조선으로 전해졌다. 청년들은 조용히 그 시를 외웠다. 숨을 죽이고, 마음속에 새겨 넣듯이. "그 등불 다시 한 번 켜지는 날에 ……."

누군가는 감옥으로 가는 길에 이 시를 되뇌었다고 한다. 누군가는 고문 속에서도 이 한 구절만은 잊지 않았다고 한다. 어떤 이는 처형 직전 마지막으로 이 시를 읊었다는 기록도 있다.

시 한 편이 총보다 강했다. 그 이유는 그것이 단순한 문장이 아니라 '조국은 다시 일어설 것'이라는 보이지 않는 약속이었기 때문이다.

타고르는 여러 나라를 여행하며 시 낭송과 강연으로 세계와 소통했다. 서구의 청중 앞에서는 인도의 정신과 문화를 알렸고, 아시아 민족들에게는 연대와 자존의 불씨를 일깨우고자 했다. 그의 목소리는 특정 국가나 민족의 경계를 넘어 인류 전체의 양심과 희망을 대변하는 울림이 되었다.

시와 노래, 그리고 교육의 언어

타고르는 시인일 뿐 아니라 위대한 교육가이기도 했다. 그는 인간의 영혼을 일깨우는 언어가 시와 교육의 근원이라고 믿었다. 인도 서벵골의 산티니케탄에 세운 비스바-바라티대학은 바로 그 믿음의 결실이었다. 이곳에서 그는 예술과 인문학, 철학과 과학을 분리하지 않고, 서로를 비추며 조화를 이루는 교육을 실천했다. 학생들은 나무 그늘 아래에서 시를 낭독하고, 대화로 사유를 확장하며, 자연 속에서 탐구의 즐거움을 배웠다.

그의 강연은 문학의 언어이면서 동시에 교육자의 언어였다. 그는 언어를 통해 세계를 이해하고, 세계를 바꿀 수 있다고 보았다. 그래서 그의 말 한마디, 그의 시 한 구절에는 단순한 감정의 표현을 넘어선 사상적 울림이 있었다. 청년들에게 자유와 창조의 정신을 심어주려 했던 그의 노력은, 지식의 전달보다 인간의 존엄과 상상력을 계몽하는 데 더 큰 목적이 있었다. 타고르에게 언어는 단지 소통의 수단이 아니라 미래를 설계하는 힘, 인간의 내면을 빚어내는 빛이었다. 그의 시와 노래, 그리고 교육의 말은 지금도 그 빛을 잃지 않고 우리에게 새로운 가능성을 일깨운다.

왜 골든 스피치인가?

타고르의 언어는 시와 노래의 형식을 빌려 시대를 깨우는 스피치였다. 그의 시는 민족의 정체성을 세웠고, 그의 노래는 국가의 목소리가 되었으며, 그의 강연은 세계의 양심을 일깨웠다. 그는 언어가 민족을 일으키는 힘이 될 수 있음을 증명했다. 그것은 우리에게 묻는다. 당신의 말은 단지 아름다운 문장인가, 아니면 시대를 밝히는 등불인가?

저항과 희망을 노래한 시의 언어

이육사

본명은 이원록이고, 이육사는 감옥에서 받은 수인번호(264)다. 일제에 의한 수감을 자신의 문학적 정체성으로 삼았다. 그는 시를 쓰는 동시에 독립운동에 헌신한 행동가였다. 삶이 곧 저항의 상징이었던 그의 언어는 문학의 울타리를 넘어 민족의 운명을 짊어진 선언이었다.

억압을 뚫고 나온 시의 목소리

이육사의 시에는 단호한 결의와 비장한 힘이 담겨 있다. 대표작 〈광야〉에서 그는 "까마득한 날에 하늘이 처음 열리고"라는 서사적 이미지로 시작해 "백마 타고 오는 초인超人이 있어 / 이 광야에서 목 놓아 부르게 하리라"는 결의로 마무리한다. 자연을 읊은 시가 아니라, 억압을 뚫고 새 시대를 예언하는 저항의 언어였다.

행동으로 이어진 언어

그는 실제로 의열단 활동에 참여했고, 국내외를 오가며 항일운동을 전개했다. 시를 쓰면서도 언제든 투사가 될 준비가 되어 있던 그는 언어와 행동을 분리하지 않았다. 그의 시가 힘을 가질 수 있었던 이유는 그가 말한 대로 몸소 살아냈기 때문이다.

그의 언어에는 공허한 수사가 없었다. 감옥에서, 독립운동의 현장에서 울려 퍼진 언어는 문학적 성취를 넘어 생생한 시대의 기록이자 민족의 투쟁이었다.

죽음으로 완성된 시인의 운명

1944년, 그는 중국 베이징에서 일제에 체포되어 모진 고문 끝에 세상을 떠났다. 향년 마흔 살. 그러나 그의 죽음은 침묵이 아니라 또 다른 울림을 남겼다. 남긴 작품은 많지 않았지만, 단 한 편의 시, 단 한 줄의 문장이 시대를 바꾸는 힘을 가질 수 있음을 보여주었다.

그의 시는 출판사의 화려한 장정이 아니라, 암송되고 전해지는 언어로 살아남았다. 해방 전후 세대를 거치며, 독립운동의 불씨이자 민족적 자존심의 상징으로 평가받았다.

왜 골든 스피치인가?

이육사의 언어는 무대 위의 연설이 아니었다. 그러나 발화와 다름없는 힘을 가지고 사람들을 일깨우고 행동으로 이끈 그의 언어는 '시의 형식을 빌린 스피치'였다. 그는 시로 저항을 외쳤고, 시로 희망을 심어주었다. 그것은 우리에게 묻는다. 억압의 시대에 당신은 어떤 말로, 어떤 언어로 미래를 꿈꿀 것인가?

침묵을 넘어 자유를 노래한 언어

마야 안젤루

마야 안젤루는 어린 시절 깊은 상처로 인해 5년간 말을 하지 않았다. 그러나 그 침묵의 시간이 언어에 대한 예민한 감각을 길러주었다. 그는 책 속의 문장과 시인의 목소리를 마음으로 받아들이며 언어의 울림을 내면화했다. 다시 목소리를 되찾았을 때, 그의 언어는 단순한 말이 아니라 삶의 고통을 넘어선 영혼의 노래가 되었다.

억압 속에서 태어난 시의 언어

안젤루는 시인, 무용가, 가수, 배우 등 다채로운 예술 활동을 펼쳤지만, 그 중심에는 언제나 언어가 있었다. 대표작 〈그래도 나는 일어나리라 Still I Rise〉에서 그녀는 "당신이 나를 짓밟아도, 나는 다시 일어나리라"라고 노래했다. 이 시는 흑인 여성으로서 겪은 차별과 억압을 넘어 인간 보편의 회복력을 상징하는 메시지가 되었다. 그녀의 시는 개인적 고통을 넘어 집단적 저항의 언어로 확장되었다. 그녀는 인종차별과 성차별의 벽을 단호히 거부하며 정의와 존엄을 외쳤다.

그녀는 강연가이자 낭송가로서 무대 위에 올라 시를 직접 낭송하며 청중의 영혼을 울렸다. 1993년 빌 클린턴 대통령 취임식에서 낭송한 〈아침의 맥박 위에서 On the Pulse of Morning〉는 전 세계에 방송되며 미국 사회의 다양성과 화해의 메시지를 전했다. "역사는 우리를 부른다. 우리는 두려움을 넘어 희망을 선택해야 한다." 이 언어는 국가적 비전으로 울려 퍼진 '시의 스피치'였다.

예술과 삶을 잇는 언어

안젤루는 노래와 춤, 연극과 영화 속에도 언어를 심었다. 그는 배우로서 연기를, 가수로서 노래를 했지만, 그것은 모두 언어의 확장된 표현이었다. 그녀의 언어는 특정 장르에 갇히지 않고, 예술 전반을 가로지르며 사람들의 마음을 움직였다.

그녀는 또한 인권운동가로서 마틴 루터 킹, 말콤 엑스와 함께 활동하며, 거리의 연설과 시 낭송을 잇는 다리 역할을 했다. 그녀의 목소리는 시인의 언어이자 투사의 외침이었다.

마야 안젤루의 언어는 단순히 아름다움을 추구하지 않았다. 그것은 고통 속에서도 희망을 찾는 인간의 목소리였고, 침묵과 억압을 넘어 자유를 향한 외침이었다. 그녀의 말은 특히 여성과 소수자들에게 깊은 울림을 주었으며, 오늘날에도 세계 곳곳에서 낭송되고 인용된다.

그녀의 언어는 절망 속에서도 인간은 다시 일어설 수 있다는 믿음을 심어줌으로써 개인적 치유이자 사회적 변화를 일으키는 스피치였다.

왜 골든 스피치인가?

마야 안젤루의 언어는 시와 연설, 예술과 투쟁을 잇는 다리였다. 그녀의 시는 자유와 존엄을 노래했고, 무대와 연단에서 '살아 있는 스피치'가 되었다. 그녀의 언어는 시대의 상처를 치유하고, 미래를 향한 희망을 심어주었다. 그것은 우리에게 묻는다. 당신의 말은 절망을 심어주는가, 아니면 다시 일어설 용기를 주는가?

웃음 뒤에 숨겨진 시대의 언어

찰리 채플린

찰리 채플린은 대중에게 익숙한 인물이다. 중절모와 콧수염, 지팡이를 든 '떠돌이 트램프' 캐릭터로 세계인의 웃음을 이끌어냈다. 그러나 그의 연기는 단순한 웃음에 머무르지 않았다. 무성영화 시대의 배우였지만, 몸짓과 표정으로 사회의 불평등과 권력의 부조리를 고발했다. 언어 없는 희극 속에도 강렬한 '말'이 있었다.

희극으로 포장된 사회 비판

〈모던 타임스〉(1936)에서 채플린은 거대한 기계 속에 빨려 들어가는 노동자의 모습을 연기하며, 산업사회가 인간을 어떻게 소외시키는지를 풍자했다. 대사는 거의 없었지만, 장면 하나하나가 명징한 메시지를 전했다. 〈키드〉(1921)에서 고아 소년과 떠돌이의 우정을 통해 가난한 자들의 현실을 비추었고, 〈서커스〉(1928)에서는 사회적 약자의 눈물 속에 인간의 존엄을 담았다. 웃음으로 포장된 그의 영화는 실상 시대의 스피치였다.

1940년, 전 세계가 파시즘의 광기에 휩싸였을 때, 채플린은 처음으로 본격적인 유성영화 〈위대한 독재자〉에 도전했다. 영화의 마지막 장면에서 그는 히틀러를 풍자한 독재자의 분장을 벗고 직접 카메라 앞에서 연설을 한다.

"우리는 너무 많이 생각하고 너무 적게 느낀다. 우리는 기계보다 인간이 필요하다. 증오보다 사랑이 필요하다."

이것은 단순한 영화 대사가 아니었다. 세계가 전쟁의 소용돌이에 빠져 있던 시기에, 인류를 향해 던진 평화와 인도주의의 절규였다. 채플린의 목소리는 수많은 관객의 가슴을 울렸고, 그 장면은 영화를 넘어선 시대의 스피치로 기억된다.

권력과 맞선 예술가의 언어

채플린의 언어는 권력을 향해 불편한 진실을 던졌다. 제2차세계대전 후 반공 혐의와 정치적 논란으로 미국에서 추방당하다시피 했지만 그는 침묵하지 않았다. 그의 영화와 연설은 끊임없이 인간의 존엄과 평화를 강조했다. 웃음 뒤에 숨겨진 채플린의 언어는 권력에 맞서는 용기이자, 예술이 할 수 있는 가장 숭고한 저항이었다.

채플린의 예술은 시대와 국경을 초월했다. 언어가 달라도 그의 몸짓과 표정은 세계 어디서든 통했다. 그러나 더 중요한 것은 그 안에 담긴 인간애였다. 그는 웃음을 주되, 결코 가볍지 않았다. 웃음을 넘어 감동을 주고, 감동을 넘어 각성을 주었다. 그가 남긴 언어는 결국 "인간답게 살아야 한다"는 보편적인 선언이었다.

왜 골든 스피치인가?

찰리 채플린은 희극인으로 기억되지만, 그의 영화와 연설은 모두 시대를 향한 스피치였다. 그는 웃음을 통해 민중의 고통을 말했고, 풍자를 통해 권력을 비판했으며, 인류의 양심을 일깨웠다. 무성영화에서도 가장 큰 목소리를 냈고, 유성영화에서는 세계를 울리는 외침을 남겼다. 그것은 우리에게 묻는다. 당신의 웃음은 단순한 오락인가, 아니면 세상을 바꾸는 언어인가?

부끄러움 속에서 빚어진 양심의 언어

윤동주

윤동주는 일제강점기의 억압 속에서 시를 통해 자신의 양심과 시대의 고통을 기록한 청년 시인이었다. 북간도에서 태어나 연희전문학교에 이르기까지 늘 식민지의 청년으로서 무력감과 정체성의 혼란을 겪었다. 그러나 그는 분노를 선동하는 대신 조용히 "어떻게 인간답게 살 것인가"라는 질문을 시 속에 담았다. 그의 언어는 격렬한 함성이 아니라 내면의 고백이었지만 오히려 그 담백함이 더 깊은 울림을 주었다.

한 줄 시 속에 담긴 고요한 저항의 울림

대표작 〈서시〉는 그의 시 세계를 집약한다.

"죽는 날까지 하늘을 우러러 / 한 점 부끄럼이 없기를"

이 구절은 단순한 개인의 다짐이 아니었다. 식민지 현실 속에서 도덕적 양심을 지키겠다는 시대적 선언이었다. 부끄럽지 않게 살겠다는 다짐은 억압받는 민족에게 '인간으로서의 존엄'을 일깨우는 언어였다. 그것은 침묵을 강요당한 세대의 내면에서 터져 나온 스피치였다.

윤동주의 시는 직접적인 구호 대신 은유와 상징으로 일제의 폭력을 고발했다. 〈자화상〉, 〈쉽게 쓰여진 시〉, 〈별 헤는 밤〉 등은 내면적 고백처럼 보이지만, 사실은 억압된 시대를 살아가는 청년의 절규였다. 그는 시를 통해 민족의 아픔을 자신의 부끄러움으로 끌어안았고, 이를 통해 공감의 울림을 확장시켰다. 그의 언어는 양심과 순결로 무장한 고요한 저항이었다.

옥중에서 꺼지지 않은 목소리

1943년 일본 유학 중 항일운동 혐의로 체포된 윤동주는 후쿠오카 형무소에서 옥고를 치르다 1945년 광복을 몇 달 앞두고 29세의 나이로 짧은 생을 마감했다. 그는 감옥에서도 시를 쓰며 언어의 불꽃을 지켰다. 옥중에서 남긴 미발표 시들은 그가 끝까지 언어로 저항했음을 보여준다. 그의 죽음은 민족에게 깊은 상실이었지만, 동시에 그의 시는 영원히 '희생과 저항의 언어'로 각인되었다.

세대를 넘어 울리는 목소리

광복 이후 윤동주의 시는 세대를 넘어 낭송되고 노래되었다. 교과서에 실린 그의 작품은 수많은 청소년들에게 도덕적 양심과 시적 감수성을 동시에 일깨웠다. 그의 언어는 단순한 문학작품을 넘어 한국인의 정신을 빚어왔다.

오늘날까지도 그의 시는 문학 행사와 추모식, 심지어 거리의 집회 현장에서도 낭송된다. 시인의 고백은 시대와 역사를 넘어 여전히 사람들의 마음을 움직이는 언어로 살아 있다.

왜 골든 스피치인가?

윤동주의 시는 연단에서 울린 연설이 아니었다. 억압된 민족의 양심을 일깨우는 선언이었고, 절망 속에서도 희망을 찾으려는 시대의 목소리였다. 그의 언어는 조용했지만 강했고, 개인의 고백에서 시작해 공동체의 선언으로 확장되었다. 그것은 우리에게 묻는다. 당신은 부끄럼 없는 언어로, 어떤 시대의 목소리를 남길 것인가?

상처 속에서 빛을 노래한 목소리

레너드 코헨

레너드 코헨은 캐나다 출신의 시인이자 소설가, 그리고 싱어송라이터였다. 그는 처음에는 시와 소설로 문단에 데뷔했지만, 1960년대 후반 음악 무대로 옮겨 노래를 통해 더 많은 사람들과 만났다. 그의 언어는 늘 시적이었고, 음악은 그 언어를 전달하는 또 하나의 방식이었다. 가수로서 코헨은 청중을 흥겹게 만들기보다 깊이 생각하게 만들었다. 무대 위에서 그는 화려한 몸짓 대신 낮고 담담한 목소리로 세상의 상처와 인간의 내면을 노래했다.

사랑과 상처를 담은 시적 언어

코헨의 대표곡 '수잔Suzanne', '페이머스 블루 레인코트Famous Blue Raincoat', '할렐루야Hallelujah' 등은 시에 가깝다. 그는 사랑의 열정과 상실, 인간 존재의 고독을 시적 은유로 풀어냈다. 특히 '할렐루야'는 종교적 언어와 인간적 갈망을 교차시켜, 고통 속에서도 삶을 찬미하는 노래로 전 세계 청중의 영혼을 흔들었다. 이 노래는 수많은 뮤지션에 의해 다시 불리며 세대를 넘어 울려 퍼졌다.

코헨은 상처와 불완전함을 숨기지 않고 오히려 그것을 통해 인간다운 빛을 발견했다. 그의 시와 노래는 사람들에게 위로가 아니라 진실을 마주할 용기를 주었다.

시대와 사회를 향한 발언
코헨은 개인적 사랑의 노래를 넘어서 시대와 사회를 향한 메시지도 남겼다. '더 퓨처The Future'에서는 인류 문명이 직면한 폭력과 파괴를 예언처럼 노래했고, '데모크라시Democracy'는 미국 사회의 모순과 가능성을 동시에 담아냈다. 그의 언어는 비판적이면서도 희망을 포기하지 않는 균형을 가졌다.

무대 위에서 그는 정치적 선동을 하지 않았다. 그러나 그의 시와 노래는 사회적 성찰을 이끌어냈다. 그의 언어는 연설 못지않은 울림으로 청중의 마음속에 오래 남았다.

상처 속에서 피어난 빛-코헨의 철학
코헨은 한때 깊은 우울과 방황 속에서 불교 사찰에 은거하기도 했다. 그러나 그곳에서도 언어를 놓지 않았다.

"모든 것에는 금이 가 있다. 그 틈으로 빛이 들어온다."

시적 철학을 압축한 이 말에 불완전한 인간 존재에서 희망과 빛을 발견하는 통찰이 담겨 있다.

그의 낮고 굵은 목소리와 간결한 언어는 마치 설교 같았지만, 교조적이지 않았다. 그것은 누구에게나 닿을 수 있는 인간적 진실의 언어였다.

코헨의 공연장은 늘 경건한 분위기로 가득했다. 청중은 그의 목소리를 단순히 음악이 아니라 영혼의 메시지로 들었다. 그는 예언자처럼 시대를 진단했고, 시인처럼 인간의 고통을 노래했으며, 가수처럼 사람들을 하나로 묶었다. 그의 언어는 장르를 넘어선 '영혼의 스피치'였다.

왜 골든 스피치인가?

레너드 코헨의 언어는 단순한 가사의 차원을 넘어 인류 보편의 목소리였다. 그는 인간의 고독과 상처, 그리고 희망을 노래했다. 그의 목소리는 낮았지만, 그 울림은 깊고 멀리 퍼졌다. 그는 불완전한 세상에서도 빛을 발견하는 법을 가르쳤다. 그것은 우리에게 속삭인다. 당신의 상처는 결함이 아니라, 빛이 들어오는 통로다.

노래하듯 울린 민족의 언어

김소월

김소월은 한국 근대 문학사에서 가장 널리 사랑받는 시인 중 한 사람이다. 그의 시는 누구나 따라 부를 수 있는 노래 같다. 1902년 평안북도 구성에서 태어나 평양과 일본 도쿄에서 수학했지만, 삶의 대부분을 시를 통해 민족의 감정을 표현하는 데 바쳤다. 특히 일제 강점기라는 시대 상황에서 그의 시는 민족의 내면을 울리는 '정서의 스피치'가 되었다.

떠남 속에 담긴 사랑과 저항

대표작 〈진달래꽃〉은 단순한 연애시가 아니라 그 이면에는 식민지 민족의 정서가 겹쳐 있다.

"나 보기가 역겨워 / 가실 때에는 / 말없이 고이 보내드리오리다."

겉으로는 사랑하는 이가 떠나는 것을 담담히 받아들이는 노래이지만, 그 속에는 나라를 빼앗긴 민족의 설움, 체념 속의 존엄이 담겨 있다. 억압된 시대에 목소리를 높일 수 없었던 사람들에게는 '은밀한 저항의 메시지'였다.

죽음과 자연을 통해 본 민족의 한

"산산이 부서진 이름이어! / 허공중虛空中에 헤어진 이름이어! / 불러도 주인 없는 이름이어! / 부르다가 내가 죽을 이름이어!"로 시작하는 〈초혼〉은 죽은 이를 불러내는 절절한 언어로, 상실과 그리움의 정서를 노래했다. "산에는 꽃 피네 / 꽃이 피네"로 시작하는 〈산유화〉는 자연의 순환을 노래하면서도, 덧없고 허무한 인간의 삶을 위로한다. 그의 시는 단순한 개인적 감정을 넘어 집단적 슬픔을 함께 나누고 위로하는 언어였다.

한글의 리듬으로 빚은 시의 언어

김소월의 또 다른 공헌은 한국어의 운율을 최대한 살려 시를 썼다는 점이다. 민요조의 리듬과 반복을 통해 누구나 흥얼거리듯 읊을 수 있다. 시를 말과 노래의 경계에 선 '스피치'로 확장시킨 것이다. 그의 시가 세대를 넘어 낭송되고, 노래로 편곡되어 불리며, 한국인의 정서 속에 뿌리내린 이유가 바로 여기에 있다.

김소월은 불과 서른세 살의 나이에 세상을 떠났지만, 그의 시는 여전히 살아 있다. 1925년에 발간된 《진달래꽃》은 한국 문학사에서 가장 많이 읽히고 낭송되는 시집 중 하나다. 그는 총칼을 든 독립운동가는 아니었지만, 언어로 민족의 심장을 울린 시인이었다. 그의 목소리는 직접적인 구호 대신 부드럽지만 강렬한 여운으로 마음을 흔들었다.

왜 골든 스피치인가?

김소월의 시는 낭송될 때마다 수많은 사람들의 마음을 하나로 묶어준다. 〈진달래꽃〉의 담담한 어조는 시대의 아픔을 품은 선언이었고, 〈초혼〉과 〈산유화〉는 민족적 슬픔과 위로의 언어였다. 무엇보다 한글의 리듬으로 그의 언어는 곧 음악이 되었다. 그의 언어는 지금도 우리에게 속삭인다. 말은 노래가 되고, 노래는 민족의 목소리가 된다.

Part 4

말의 위기와 대중을 움직인 위험한 언어들

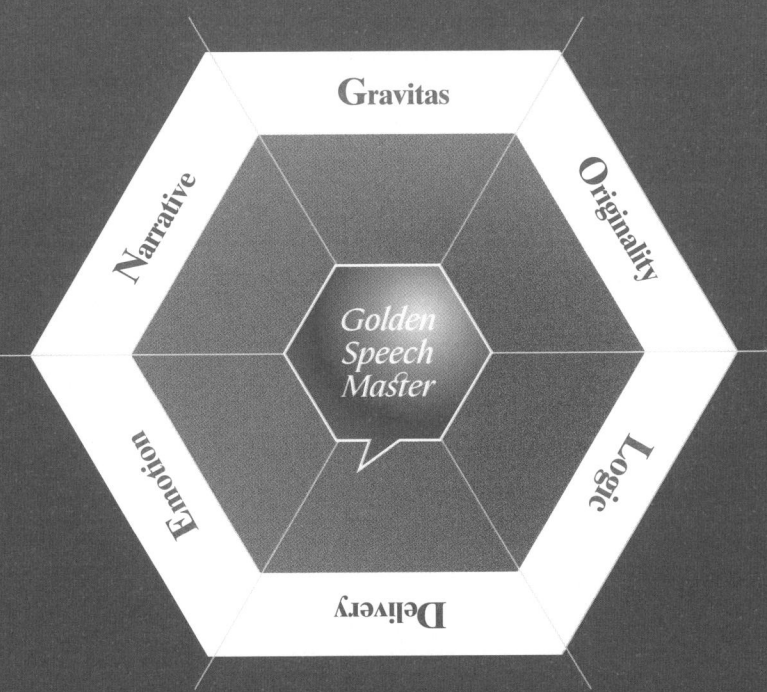

Gravitas

Originality

Logic

Delivery

Emotion

Narrative

1장

위험한 언어의 이론 - 증오와 조작의 구조

어느 어머니의 법정 진술

법정에서 한 여인이 피고인을 바라보며 천천히 입을 열었다. 목소리는 떨렸고, 손은 마디마디 굳어 있었다. 그녀는 깊게 숨을 들이쉬고 말했다.

"나는 오늘 여기, 내 아들을 대신해서 나왔습니다. 그 아이는 스무 살이었고, 운동을 좋아했고, 친구도 많았습니다. 하지만…… 그는 지금 없습니다."

청중은 숨을 죽였다. 그 어머니는 이어서 말했다.

"이 자리에 있는 저 사람의 말이, 내 아이를 움직였습니다. 그 말이 아이를 바꿨고, 아이를 전사(戰士)처럼 만들었고, 결국 아이를 무기로 썼습니다."

스크린에는 SNS에서 퍼진 영상 하나가 재생되었다. 정치인이 선동하는 장면이었다. "그들은 적이다. 우리는 당하지 말아야 한다. 싸워야 한다. 행동해야 한다. 지금!" 이 말에 이끌린 청년들이 거리로 나섰다. 충돌과 함께 총성이 울렸고, 그녀의 아들은 돌아오지 못했다.

"말은 총보다 무섭습니다. 총은 방아쇠를 한 번 당기면 한 사람을 쓰러뜨리지만, 말은 수천 명을 움직입니다."

그녀는 눈을 감고 한마디를 더 남겼다.

"우리 사회는, 사람을 죽인 말에 박수를 쳤습니다. 이제는 그 박수를 멈춰야 합니다."

말은 설득만 하는 것이 아니라 조작하기도 한다. 이 장에서는 말이 가진 어두운 힘, 그리고 위험한 언어가 어떻게 감정을 조작하고 공포를 확산시키며, 분노를 정치화하는지를 살펴본다. 말은 때로 사람을 망가뜨리고, 분열시키며, 심지어 죽음으로 몰아간다. 말은 벼랑으로 떠미는 손이 될 수도 있다. 위험한 말은 진실을 가장하고 정의로 포장되어 다가온다.

헤이트 스피치-혐오언어 이론

말이 칼이 될 때, 우리는 무엇을 놓치고 있는가?

혐오의 말, 상처의 침묵

1982년 미국 캘리포니아의 한 공립학교에서 한국계 소년이 급우들로부터 "개고기 먹는 놈"이라는 조롱을 당했다. 그는 그 말을 한 아이를 때려 정학 처분을 받았지만, 정작 그 말을 한 아이는 별다른 처벌을 받지 않았다. 교장은 말했다. "말로 때린 건 폭력이 아니다." 하지만 그 말 한마디가 소년에게 남긴 상처는 주먹보다 깊었다.

우리는 종종 말의 폭력성을 너무 가볍게 여긴다. 눈에 보이지 않기 때문에, 상처가 가시적으로 드러나지 않기 때문에, 말은 말일 뿐이라고 치부한다. 그러나 역사는 증명한다. 말은 언제나 행동보다 먼저, 그리고 더 오래 상처를 남겨왔다. 혐오언어 Hate Speech 는 단순한 비난이나 험담을 넘어서, 사회적 배제를 유도하고, 인간의 존엄을 무너뜨린다. 그것은 칼이 아니라 흉기다.

혐오 표현의 정의-그 선은 어디인가?

학자들은 혐오 표현의 개념을 보다 세밀하게 정리해왔다. 대표적

정의는 다음과 같다.

"혐오 표현이란, 인종, 종교, 성별, 성적 지향, 장애, 국적 등 특정 정체성을 기반으로 한 개인이나 집단에 대해 공격적, 차별적, 위협적 발언을 하는 것이다."
-유엔 인권최고대표사무소(OHCHR)

그러나 표현의 자유와 충돌하는 지점에서 늘 논쟁이 일어난다. 예를 들어 "난 동성애가 불쾌해"라는 말이 단순한 의견 표현인지, 아니면 혐오 표현인지에 대한 판단은 상황, 맥락, 목적에 따라 다르다. 즉, 혐오언어는 '내용'이 아니라 '의도와 맥락'에서 위험한 말이 되는 것이다.

혐오 표현은 마치 바이러스처럼 퍼지고, 사람들 사이를 갈라놓으며, 사회 전체를 약화시킨다.

헤이트 스피치의 5가지 특징

정보형 문장	서사형 변환
① 정체성 중심	단순한 의견 차이를 넘어 출신, 민족, 성별 등을 이유로 공격
② 고정관념의 강화	"그들은 원래 그렇다"는 낙인과 범주화
③ 비인간화	"벌레, 쓰레기, 괴물" 등으로 대상의 인간성 말살
④ 폭력 유발 가능성	말이 행동을 정당화하고, 실제 공격으로 이어질 수 있음
⑤ 구조적 침투성	학교, 언론, 정치, SNS 등 사회 전반에 침투하고 강화됨

혐오 표현의 5가지 특징

현대사회에서 혐오언어는 3가지 경로로 확산된다.

- **① SNS의 알고리즘**
  - 극단적인 콘텐츠일수록 반응이 커서 노출이 많아지는 구조
  - '증오의 회로'가 디지털상에서 자동으로 강화됨
- **② 정치인의 책임 회피적 언어**
  - "일부 국민의 우려를 대변한 것뿐"이라며 차별 발언을 정당화
  - 혐오를 '의견의 다양성'으로 포장하는 전략
- **③ 일상화된 농담, 비유**
  - "장애인처럼 굴지 마", "여자들은 다 그래"
  - 웃으며 던진 한마디가 사회적 규범을 왜곡함

표현의 자유는 민주주의의 핵심이다. 하지만 책임 없는 자유가 아니라, 타인의 존엄을 침해하지 않는 자유다. 미국 대법원 판례에서도 '불쾌한 의견'은 허용되지만, '직접적이고 즉각적인 해악을 유도하는 말'은 보호되지 않는다고 했다. 프랑스는 나치의 역사적 범죄를 부정하는 발언을 금지하고, 독일은 극우를 상징하는 표현조차 금한다. 혐오 표현을 방치하면 말의 자유가 약자의 침묵을 초래한다.

말이 칼이 되지 않기 위해

구분	혐오 표현	표현의 자유
주 대상	특정 소수자 집단	일반 사회 이슈, 의견
주 목적	배제, 위협, 조롱	비판, 토론, 설득
결과	침묵과 공포	논의와 성장
윤리 기준	타인에게 해를 가하는가?	공공 이익을 위한 것인가?

· 당신의 말은 누군가의 존재를 배제하는가, 포용하는가?

· 당신의 유머는 누군가의 존엄을 희생시키고 있지 않은가?

· 당신은 '말의 책임'을 지고 있는가?

덴저러스 스피치- 집단 폭력의 메커니즘
누가 말에 불을 붙였는가?

1994년, 르완다에서 단 100일 동안 80만 명이 살해됐다. 총이나 폭탄이 아니라, 이웃들이 들고 나온 마체테(정글칼)로. 무엇이 그들을 그렇게 만들었을까? 총을 든 건 손이었지만, 칼을 쥐게 만든 건 말이었다. 르완다의 라디오 방송국 RTLM은 "투치족은 바퀴벌레"라고 매일 반복했다.

"그들은 너희 자녀를 죽일 것이다." "그들을 먼저 없애라."

이 말이 사람들의 마음에 불을 지폈고, 그 불은 마을을 집어삼켰다. 학살은 한순간에 일어난 것이 아니라, 오랜 기간 말의 '세뇌'가 누적된 결과였다.

덴저러스 스피치란?

미국의 언어학자 수전 베네시 Susan Benesch는 르완다와 유고, 케냐 등에서 일어난 집단 학살을 분석한 뒤, 다음과 같은 개념을 제시했다.

"덴저러스 스피치 Dangerous Speech 란, 한 집단이 다른 집단에 대해 폭력적인 행동을 하도록 부추기거나 정당화하는 언어를 말한다."

즉, 단순한 비난을 넘어서 폭력을 정당화하는 말이 바로 '위험한 언어'다. '폭력'을 직접 명령하지 않아도 '그렇게 하게 만든다.'

덴저러스 스피치의 5가지 특징

요소	설명
① 집단 정체성의 조작	"우리는 정의로운 민족, 그들은 배신자" 식의 구분 강조
② 비인간화	"벌레, 악마, 바이러스" 등으로 대상 집단의 인간성 말살
③ 생존 위협의 조장	"그들이 먼저 공격한다", "죽기 전에 제거하라"
④ 도덕적 책임의 제거	"우리는 피해자다, 정당방위다"라는 프레임 구성
⑤ 폭력의 준비와 정당화	'이런 말'이 쌓이면, '그런 행동'이 자연스럽게 뒤따른다

왜 사람들은 이런 말에 휩쓸리는가?

덴저러스 스피치는 단지 '위험한 말'이 아닌, 심리 조작과 사회적 설계의 기술이다.

공포심 자극 "우리 아이들이 위험해진다"는 말은 도덕적 판단보다 생존 본능을 자극한다.

소속감 유도 "우리는 하나다, 그들은 적이다"는 구호는 공동체의 충성심을 조장한다.

반복과 확산 라디오, SNS, 정치 연설 등에서 반복되는 표현은 진실처럼 느껴진다.

책임의 분산 "다들 그렇게 생각해요", "우리 모두가 피해자입니다"라는 언어는 행동에 대한 책임을 흐리게 만든다.

헤이트 스피치와 덴저러스 스피치의 차이

구분	헤이트 스피치	덴저러스 스피치
대상	특정 정체성의 소수자	다른 집단 전체 (특히 정치적·민족적 갈등 상대)
효과	심리적 상처, 사회적 배제	집단적 폭력과 공격 정당화
속성	감정적·무의식적일 수 있음	전략적, 의도적, 계획적 사용
예시	"여자들은 감정적이야"	"그 여자들이 나라를 무너뜨린다, 막아야 한다"

두 언어는 때로 겹치지만, 덴저러스 스피치는 더 깊고 구조적인 악의를 내포하고 있으며, 현실적 행동으로 이어질 위험성이 높다.

실제 사례

① **트럼프의 선동 언어**

"선거가 도둑맞았다."

"우리는 싸워야 한다. 결코 물러서지 말라."

결과 : 지지자들이 실제로 의회를 공격

② **미얀마 로힝야 학살 전의 페이스북 글**

"로힝야는 외래 바이러스다."

"그들은 불법 이민자이며, 불을 질러 나라를 망친다."

결과 : 군부의 학살 정당화

③ **한국 내 지역감정 조장 발언**

"○○사람들은 다 그렇다", "그 지역은 민폐만 끼친다"

일베, 커뮤니티, 정치인의 언사 등 반복적 확산

결과 : 실제 지역 차별과 폭행 사건

경고 메시지	설명
"말은 총알이다"	혐오와 증오의 말은 머리와 마음을 관통한다.
"말은 불씨다"	선동은 한 사람의 혐오가 아닌 집단의 분노를 일으킨다.
"말은 면죄부다"	'우리 편'이 말하면 폭력도 정당화된다.

말은 사라지지 않는다, 말은 행동이 된다

마무리 질문

· 나는 누군가를 배제하는 말에 침묵하지 않았는가?

· 내가 공유한 말, 클릭한 말이 누군가를 위험에 빠뜨리지는 않았는가?

· '정의'의 이름으로 발화된 말이 실제로는 폭력을 낳는 구조는 아니었는가?

H.A.T.E.S 모델 분석
증오의 언어는 어떻게 확산되는가?

"말 한마디로 천 냥 빚을 갚는다"는 속담이 있다. 하지만 현대사회에서는 말 한마디로 수천 명의 생명을 앗을 수 있다. 증오의 언어는 체계적으로 설계되고, 단계적으로 확산된다.

미국의 언어학자이며 언론인인 수전 베네시는 이런 증오와 선동의 구조를 연구하며, 'H.A.T.E.S 모델'을 제시했다. 이 모델은 적개심Hostility, 증폭Amplification, 표적화Targeting, 실행 정당화Execution, 체계화Systemization 5단계로 이루어진다. 우리는 이 모델을 통해 말이 어떻게 무기가 되는지를 알 수 있다.

Hostility : 적개심을 조장하라

적을 만드는 단계로 "그들은 우리를 해친다", "그들은 우리와 다르다"라는 식의 분리와 불신의 말로 시작된다.

"이민자들이 우리의 일자리를 빼앗아간다."

"그 지역 사람들은 원래 못된 기질이 있다."

"그 정당은 나라를 망치려는 무리다."

이런 말은 '논쟁'이 아니라 '정체성의 전쟁'을 만든다. '우리 vs 그들'의 대립 구조가 형성되며 감정이 개입되고 논리는 사라진다.

Amplification : 적개심을 확산시켜라

적개심은 반복될수록 정상적인 것처럼 받아들여진다. 이 단계에서는 언론, SNS, 유튜브, 그리고 밈이나 짤방 같은 시각적 콘텐츠를 통해 메시지가 빠르게 확산된다.

"모두가 그렇게 말한다."

"진실은 숨겨지고 있다. 이게 진짜 정보다."

"공식 뉴스는 믿을 수 없다. 우리가 진짜다."

이때 '팩트'보다 '감정'이 앞선다. 자극적일수록 클릭을 부르고 클릭이 곧 영향력이 되는 구조 속에서 증오의 언어는 바이러스처럼 퍼진다.

Targeting : 희생양을 지목하라

이 단계에서는 구체적인 대상이 설정된다. 그 대상은 소수자, 특정 지역, 특정 성별, 특정 정치 성향, 또는 특정 인물일 수 있다.

"여성부 때문에 나라가 이 지경이 됐다."

"그 국회의원이 모든 문제의 원인이다."

"그 기자는 매국노다."

'문제'는 구조에서 발생하지만, 증오의 언어는 '인간'을 문제로 삼는다. 표적이 정해지면, 사람들은 거기에 분노를 집중하며 '집단적 안도감'을 얻는다. "저 사람만 사라지면 해결된다"는 착각이 시작된다.

Execution : 실행을 정당화하라

'말'이 '행동'으로 옮겨지는 단계다. 하지만 스스로를 '정의롭다'고 믿으며 행동에 나선다.

"우리는 침묵해서는 안 된다."

"그를 응징하지 않으면, 더 많은 피해자가 생긴다."

"이건 정당방위다. 도덕적 행동이다."

실제 행동은 폭언, 따돌림, 테러, 살인 등으로 나타난다. 하지만 가해자는 스스로 '의로운 시민', '정의의 수호자'로 착각한다.

Systemization : 체계화하라

마지막 단계는 언어적 폭력이 사회구조 안에 정착되는 과정이다. 법, 제도, 방송, 교육, 문화 등에서 증오가 암묵적으로 정당화된다.

- 차별 발언을 하는 정치인이 오히려 인기를 끈다.
- 혐오 콘텐츠가 광고 수익을 창출한다.
- 차별을 비판하는 사람이 오히려 '민감한 사람' 취급을 받는다.

이때 혐오언어는 '일상'이 된다. 그리고 사람들은 "말이 그렇다는 것이지, 왜 예민하게 구냐"고 오히려 반박한다. 이런 무감각이야말로 증오의 말이 가장 잘 먹혀든 결과이다.

H.A.T.E.S 모델 요약

단계	주요 행위	언어의 특징	사회적 효과
Hostility	적을 만든다	'그들은 다르다'	정서적 분리
Amplification	증폭시킨다	반복, 바이럴화	정상화 및 감정 확산
Targeting	표적 설정	구체적 대상 지목	분노의 집중
Execution	행동 유도	응징, 정의, 정당화	폭력 실현
Systemization	구조화	제도·문화 정착	차별의 일상화

왜 이 구조를 알아야 하는가?

말은 결코 중립적이지 않다. 우리가 방관하면 그 말은 사회구조가 된다. H.A.T.E.S 모델은 단순한 이론이 아니라 이러한 구조를 막기 위한 도구다.

- 우리는 지금 어느 단계에 있는가?
- 내가 공유한 말, 들은 말은 어느 단계에 속하는가?
- 나는 침묵으로 공범이 되지는 않았는가?
- 내가 '반복하는 말'은 그저 농담인가, 아니면 확산인가?
- 어떤 말이 '체계화'될 때까지 나는 어떻게 저항할 것인가?

골든 GOLDEN vs 덴저러스 DANGEROUS
도식적 비교와 철학적 대조

'말 한마디가 전쟁을 일으킨다'는 것은 전 세계에서 나타나는 현실이다. 역사 속에서 위대한 말은 사람들을 하나로 묶었고, 또 다른 말은 사람들을 둘로 갈라놓았다. 누군가는 자유를 말했고, 누군가는 증오를 외쳤다. 결국 말이란 칼이 아니라 방향키다. 어디로 조종하느냐에 따라 그 말은 세상을 살리기도, 해치기도 한다.

지금까지 살펴본 위험한 언어의 구조와 골든 스피치를 대조해 언어의 양면성과 우리가 선택해야 할 방향을 조망해보자.

덴저러스 스피치와 골든 스피치 구조 비교

영역	덴저러스 스피치 H.A.T.E.S	골든 스피치 G.O.L.D.E.N
존재 기반	Hostility(적개심)	Gravitas(존재감, 품위)
메시지 증폭	Amplification(증폭)	Originality(독창성, 진정성)
수신 대상	Targeting(표적화)	Logic(논리와 이해)
실천 단계	Execution(실행 정당화)	Delivery(전달의 기술)
사회구조	Systemization(체계화)	Emotion(감정의 공명)
서사의 힘	파편화된 이야기	통합적 이야기

2개의 구조는 극명하게 대비된다. 하나는 두려움과 분열을, 다른 하나는 이해와 공존을 지향한다.

두 언어, 두 미래

H.A.T.E.S의 미래

- 사람들이 서로를 믿지 않는다.
- 의심과 공격이 일상화된다.
- 소수는 입을 닫고, 다수는 군중심리에 편승한다.
- 말은 무기이자 감시 도구가 된다.

G.O.L.D.E.N의 미래

- 말은 공감과 설득의 다리가 된다.
- 서로 다른 입장을 가진 이들이 이야기를 통해 만난다.
- 진정성 있는 목소리는 침묵 속에서도 빛난다.
- 말은 치유와 변화의 도구가 된다.

골든 스피치로서의 저항

말은 선과 악을 품은 그릇이다. 우리가 어떤 말의 구조를 따르느냐에 따라 칼이 되기도 하고, 꽃이 되기도 한다. 우리는 지금 '혐오의 구조'를 이해하는 것을 넘어서, 이제는 '말의 재건'을 시작해야 한다.

골든 스피치란, 단지 멋진 말을 뜻하지 않는다. 그것은 분열을 넘어선 언어적 연대이며, 진실과 존엄을 지키기 위한 저항이다.

　말은 흘러가는 바람이 아니다. 그것은 흔적을 남긴다. 때론 뺨을 때리는 폭력이 되고, 때론 등을 토닥이는 위로가 된다. 말의 시대에 침묵은 중립이 아니다. 어떤 구조의 말에 동참할지를 선택하는 일은 곧, 어떤 미래에 나 자신을 연결할 것인지에 대한 선택이다.

Gravitas

Originality

Logic

Delivery

Emotion

Narrative

2장

위험한 언어의 실제 - 역사 속 사례들

말이 흉기가 될 때

나치 독일의 선전장관 요제프 괴벨스는 언론과 연설, 라디오와 영화를 장악하며 세상에 한 가지 원리를 퍼뜨렸다.
"거짓말도 백번 반복하면 진실이 된다."
그 말은 곧 현실이 되었다. 수백만 독일 국민은 그 거짓을 믿었고, 가장 거대한 학살의 역사가 시작되었다.
아시아에서도 언어의 독은 스며들었다. 일본 제국주의는 '대동아공영'이라는 미명 아래 침략을 정당화했다. 한국의 거리에서는 '빨갱이'라는 한마디가 생사를 가르는 낙인이 되었다. 단어 하나가 사람을 살리고 죽였다. 그 짧은 음절 속에 증오와 공포, 권력의 탐욕이 숨어 있었다.
오늘날의 세상도 다르지 않다. 총 대신 댓글, 확성기 대신 알고리즘이 세상을 흔든다. 가짜 뉴스와 혐오 발언은 눈 깜짝할 사이에 퍼져나가고, 대중은 분노의 언어에 이끌린다. 지금은 스마트폰 속에서 더 정교한 방식으로 사람들의 마음을 조종한다.
언어는 언제부터 흉기가 되었을까? 역사의 사례가 남긴 가장 냉정한 교훈은 말은 역사를 만들고 잘못된 말은 인간을 파괴한다는 것이다.
이 장은 위험한 말들의 실체를 들여다본다. 히틀러의 선동, 차베스의 포퓰리즘, 마하티르의 혐오, 존스와 배넌의 미디어 조작, 그리고 우리 시대의 분열을 키운 언어들까지. 그들의 공통점은 하나다. 언어를 권력의 무기로 삼았다는 것. 이 문턱을 넘으며 우리는 다시 묻는다. 언어는 언제 증오의 벽이 되는가? 그 질문에 답하지 않는 한, 말은 언제든 흉기가 될 것이다.

증오와 선동으로 제국을 세운 언어

아돌프 히틀러

제1차세계대전 후 패배와 경제 파탄에 빠진 독일은 좌절과 분노로 가득했다. 이때 등장한 무명 정치가 아돌프 히틀러는 군중집회를 무대로 삼아 언어를 무기로 휘둘렀다. 그의 연설은 처음에는 작은 선술집에서 시작했지만 곧 장대한 무대로 나가 수천수만 명의 군중을 열광시켰다. 히틀러는 웅변가로서 훈련된 인물은 아니었지만, 분노와 격정의 언어로 민중의 감정을 휘어잡았다.

'적'을 만든 언어

히틀러가 가장 먼저 한 일은 대중의 불만을 특정 집단으로 돌리는 것이었다. 그는 유대인, 공산주의자, 집시, 동성애자 등을 독일 불행의 원인으로 지목했다. "우리의 빈곤은 그들 때문이다"라는 메시지는 단순하지만 강력했다. 히틀러는 끊임없이 '적'을 규정하며, 대중에게 증오와 배척감을 심어주었다. 증오의 언어는 독일 사회의 불안을 하나의 방향으로 몰아넣는 장치였다.

히틀러의 연설은 논리적 설득보다 감정적 호소에 기초한다. 그는 목소리의 높낮이와 리듬을 극적으로 조절하며 군중의 심장을 두드렸다. 짧고 반복적인 문장은 군중의 환호와 합창을 이끌어냈다. 그의 말은 사실과 증거보다 '분노의 에너지'를 퍼뜨리는 수사학이었다.

언론과 선전의 결합

히틀러의 언어가 대중을 압도할 수 있었던 배경에는 선전장관 요제프 괴벨스가 있었다. 연설은 라디오, 영화, 인쇄물로 증폭되어 전국적으로 확산되었다. 대중은 매일 같은 메시지를 들었다. "거짓말도 백번 반복하면 진실이 된다"라는 괴벨스의 말은 히틀러의 언어 전략을 정확히 요약한 것이다. 반복과 확성, 이것이 위험한 언어의 무기화 방식이다.

히틀러의 언어는 결국 정책과 행동으로 이어졌다. 뉘른베르크법과 유대인 격리 구역인 게토, 강제수용소는 모두 언어로 정당화되었다. '최종 해결책'이라는 말은 유대인 학살을 포장하는 가면이었다. 히틀러의 언어는 인간의 양심을 마비시키고, 대량학살을 위한 심리적 토대를 마련했다. 결국 제2차세계대전과 600만 유대인의 희생이라는 인류사의 비극을 낳았다.

왜 위험한 언어인가?

히틀러의 언어는 대중의 분노를 조직화하고, 증오를 제도화하며, 거짓을 진실로 둔갑시킨 파괴의 도구였다. 그의 연설은 한 나라의 정치적 선택을 넘어 인류 전체를 전쟁과 학살로 몰아넣었다. '위험한 언어'의 전형인 히틀러의 언어는 우리에게 경고한다. 말은 역사를 세울 수도 있지만, 역사를 무너뜨릴 수도 있다.

카리스마로 포장된 포퓰리즘의 언어

우고 차베스

우고 차베스는 원래 군인이었다. 1992년 쿠데타 시도로 이름을 알린 그는 투옥 이후 대중적 스타로 떠올랐다. 1998년 베네수엘라 대통령에 당선된 후 '21세기 사회주의'를 내세웠다. 그의 언어는 가난한 민중을 향한 약속과 분노의 결합이었다. 연설은 언제나 열정적이었고, 군중을 '차베시스타 Chavista'라는 집단 정체성으로 묶어냈다.

대중을 사로잡은 카리스마 언어

차베스의 연설은 마치 설교 같았다. 유머와 농담, 노래와 구호를 섞으며 군중을 웃기고 울렸다. "나는 가난한 자의 목소리다"라는 외침은 즉각적인 환호를 불러일으켰다. 차베스는 TV 방송을 장악해 매주 '알로 프레시덴테 Aló Presidente'라는 프로그램에 나와서 즉흥적으로 정책을 발표하거나 반대파를 조롱했다. 그는 스스로를 민중과 직접 연결된 '영원한 지도자'로 세웠다.

그의 정치적 수사학은 늘 '적'을 상정했다. 미국 제국주의, 부패한 엘리트, 부르주아 언론 등 대상을 정해 대중의 분노를 집중시켰다. 2006년 유엔총회 연설에서 그는 조지 W. 부시를 '악마'라고 부르며 "여전히 유황 냄새가 난다"라고 조롱했다. 이런 극단적인 언어는 일시적으로 환호를 얻었지만, 국제사회에서 고립을 심화시켰다.

포퓰리즘의 달콤한 약속

차베스는 '석유 부국'을 내세워 무상 복지와 혜택을 약속했다. 하지만 실제 정책은 경제를 왜곡하고 국가를 위기에 빠뜨렸다. '민중을 위한 혁명'을 외쳤지만, 결국 대중을 의존하게 만드는 포퓰리즘의 덫이었다. 달콤한 언어는 위태로운 현실을 덮는 가림막이었다.

차베스는 2013년 사망했지만, 그의 언어는 여전히 베네수엘라 사회를 갈라놓았다. 열렬한 추종자들은 그를 '민중의 구세주'로 기억했지만, 반대자들은 그의 언어를 '민주주의를 파괴한 선동'으로 규정했다. 차베스의 언어는 사회적 연대를 강화한 것이 아니라, 오히려 극단적 분열과 증오를 심화시켰다.

왜 위험한 언어인가?

차베스의 언어는 가난한 민중의 고통을 대변하는 듯했지만, 결국은 권력 강화와 체제 유지의 도구로 쓰였다. 그는 언어로 희망을 약속했으나, 그것은 현실을 왜곡하는 포퓰리즘이었다. 대중은 열광했지만 국가는 파탄으로 치달았다. 그의 연설은 우리에게 묻는다. 대중의 환호를 얻는 언어가 과연 진정한 정의를 담보하는가

혐오로 대중을 선동하다

마하티르 모하맛

마하티르 모하맛은 1981년부터 2003년까지 말레이시아를 오랫동안 이끌었던 지도자였고, 2018년 다시 집권해 2020년까지 총리를 지냈다. 그는 '말레이시아의 아버지'라 불릴 만큼 경제개발과 산업화의 상징이었다. 그러나 그의 언어는 늘 양면성을 지녔다. 한편으로는 아시아적 자긍심을 강조하며 민중에게 희망을 주었지만, 다른 한편으로는 배타적 민족주의와 강경한 정치 담론으로 사회의 갈등을 부추겼다.

대중을 사로잡은 직설적 화법

마하티르는 부드러운 외교 언어보다 직설적이고 도발적인 표현을 즐겨 사용했다. 국제회의에서 서구 국가들을 강하게 비판하며, '아시아의 가치'를 내세워 대중의 환호를 얻었다. 특히 그는 이스라엘과 서방을 향해 거친 언어를 서슴치 않았고, 이는 국내 지지층에게 '용기 있는 지도자'라는 이미지를 심어주었다. 하지만 그의 직설은 종종 국제사회를 긴장시키고 외교적 고립을 자초했다.

그의 정치적 수사학 역시 '적'을 설정하는 것이 특징이었다. 그 대상은 서구 열강, 다인종 사회 속의 비말레이 집단, 그리고 국내의 정치적 반대 세력이었다. 그는 경제 불평등의 책임을 특정 집단에 돌리며 다수 민족의 결집을 꾀했다. 단기적으로는 대중의 지지를 얻었지만, 사회적 균열을 심화하는 결과를 낳았다.

개발과 권위주의의 이중성

마하티르는 '룩 이스트Look East' 정책을 내세우며 일본과 한국을 본보기로 삼아 산업화를 추진했다. 그의 연설은 국가 발전에 대한 비전으로 가득했지만, 동시에 권위주의적 통치와 언론 통제를 정당화했다. "국가 발전을 위해서는 질서와 희생이 필요하다"는 그의 발언은 민주주의 가치보다 성장과 효율을 앞세운 논리였다.

정치 일선에서 물러난 후에도 마하티르의 발언은 여전히 논란의 중심이었다. 그는 서방을 향해 날카로운 비판을 이어갔고, 국제 언론에 자극적인 헤드라인을 남겼다. 말레이시아 내부에서는 여전히 존경받는 지도자였지만, 세대를 넘어 분열과 갈등을 재생산하기도 했다.

왜 위험한 언어인가?

마하티르 모하맛의 언어는 국가 발전과 아시아의 자부심을 강조하며 긍정적인 효과를 가져온 측면도 있다. 그러나 대중의 분노를 자극하고, 배타적 정체성을 강화하며, 권위주의를 정당화하는 언어를 사용했다. 그것은 우리에게 묻는다. 비전을 약속하는 언어 이면에 있는 배제와 혐오를 어떻게 경계해야 하는가?

음모론을 무기로 삼은 미디어 선동가

알렉스 존스

미국의 라디오 진행자이자 인터넷 방송인 알렉스 존스는 대중을 사로잡는 과격한 화법으로 이름을 알렸다. 그는 1990년대 후반 지역 라디오 방송에서 정치적 음모론을 퍼뜨리며 주목을 받았고, 이후 인터넷과 유튜브를 기반으로 영향력을 키웠다. 처음에는 단순한 '괴짜 방송인'으로 여겨졌지만, 그의 언어는 점차 정치적 힘을 갖게 되었다.

음모론의 언어-거짓을 진실처럼

존스는 끊임없이 '음모론'을 만들어냈다. 그는 9·11테러가 미국 정부의 자작극이라고 주장했고, 2012년 샌디훅 초등학교 총기난사 사건조차 "정부가 총기 규제를 강화하려고 꾸민 짓"이라고 주장했다. 이런 발언은 피해자 가족들에게 씻을 수 없는 상처를 남겼다. 그는 아무런 근거 없이 충격적인 주장과 자극적인 언어로 청중의 감정을 자극했다.

존스의 방송은 사실 검증보다 '분노와 공포'를 파는 무대였다. 큰 목소리와 거친 제스처, 과격한 단어로 청중의 불안을 증폭시켰다. 정치적 불만, 사회적 불안, 경제적 위기를 '음모'라는 프레임으로 엮어내며, 사람들에게 단순하고 극단적인 해답을 제시했다. 이런 언어는 대중에게 일종의 카타르시스를 줌과 동시에 현실을 왜곡시켰다.

디지털 미디어의 확성기

과거의 선동가들이 연단과 신문을 활용했다면, 존스는 디지털 시대의 알고리즘을 무기로 삼았다. 그의 방송은 SNS와 유튜브에서 폭발적으로 확산되었고, 가짜 뉴스 사이트와 결합해 거대한 음모론 네트워크를 형성했다. 이는 단순한 개인 방송이 아니라, 정치적 극단주의와 집단적 분노를 조직하는 언어의 플랫폼이었다.

샌디훅 학살 희생자 가족은 존스를 상대로 소송을 제기했고, 법원은 그의 발언이 명백한 거짓이며 피해자들에게 심각한 고통을 주었다고 판결했다. 존스는 수십억 달러의 배상금을 선고받으며 법적 책임을 졌다. 그러나 그의 언어는 이미 전역으로 퍼져나가 수많은 추종자들을 낳았고, 미국 사회의 분열을 심화하는 데 영향을 미쳤다.

왜 위험한 언어인가?

알렉스 존스의 언어는 단순한 괴짜의 망언이 아니었다. 그것은 디지털 미디어를 통해 거짓을 진실처럼 포장하고, 분노와 공포를 증폭시켜 대중을 선동했다. 그는 언어로 사람들을 현실에서 멀어지게 했고, 피해자들에게 다시 상처를 주었으며, 민주사회의 신뢰 기반을 허물었다. 그의 언어는 새로운 형태의 '위험한 언어'다. 그것은 우리에게 묻는다. 디지털 시대의 언어는 어떻게 진실을 지킬 것인가?

대중의 분노를 조직한 포퓰리즘의 전략가
스티브 배넌

스티브 배넌은 해군 장교와 투자 컨설턴트, 영화 제작자 등을 거쳐, 2012년 보수 성향 온라인 매체 브라이트바트 뉴스Breitbart News의 경영을 맡으면서 정치 무대 전면에 등장했다. 이 매체는 '대안 우파alternative right'의 목소리를 대변하며, 이민자 혐오, 반페미니즘, 음모론을 결합한 자극적인 기사로 급성장했다. 배넌은 언론의 언어를 장악했고, 스스로 '운동의 전략가'로 자리매김했다.

분열을 자양분으로 삼은 언어

배넌의 화법은 단순했다. 미국 사회의 문제를 '엘리트'와 '글로벌리스트' 탓으로 돌리고, 대중을 '진짜 미국인'으로 호명했다. 그는 "주류 언론은 거짓말쟁이"라며 언론에 대한 불신을 부추겼고, "이민자는 일자리를 빼앗는 침입자"라고 규정했다. 2016년 대선에서 그는 도널드 트럼프의 선거 캠프 수석 전략가로 합류해 이 메시지를 전국적으로 확산시켰다. "벽을 세우자Build the Wall"라는 단순한 구호는 바로 배넌식 언어의 전형이었다. 복잡한 문제를 감정적인 구호 하나로 대체해 대중의 분노를 결집한 것이다.

대중주의와 민족주의의 결합

배넌은 트럼프와 함께 '미국 우선주의America First'를 전면에 내세웠다. 표면적으로는 애국심에 호소하는 것이었지만 그 속에는 배타적 민족주의가 숨어 있었다. 특히 이민자와 무슬림을 겨냥한 발언은 사회적 갈등을 증폭시켰다. 그는 대중 앞에서 "우리는 나라를 되찾아야 한다"라는 메시지를 반복했다. 이 말은 정치적 불만을 한 방향으로 몰아가는 힘을 발휘했다. 하지만 그것은 공동체의 다양성을 무너뜨리고, '우리 vs. 그들'이라는 대립 구도를 심화했다.

배넌의 언어가 막강한 힘을 가진 이유는 디지털 미디어와 결합했기 때문이다. 그는 케임브리지 애널리티카Cambridge Analytica와 연결되어 수천만 명의 페이스북 데이터를 활용해 맞춤형 정치 광고를 집행했다. "흑인 유권자의 투표율을 낮추라"는 지시와 같이 특정 집단에 정확히 조준된 메시지가 퍼졌다. 이른바 '심리 조작 정치'였다. 과거의 선동가들이 확성기와 전단을 사용했다면, 배넌은 알고리즘과 빅데이터를 무기로 삼았다. 언어가 과학적 조작과 결합한 새로운 형태의 선동이었다.

세계로 확산된 언어의 그림자

배넌의 야망은 미국에 국한되지 않았다. 그는 2018년 이후 유럽으로 건너가 이탈리아의 극우 정당 '동맹Lega'과 프랑스의 마린 르 펜, 헝가리의 빅토리 오르반 정부와 연대했다. 그는 '민족주의 국제연대'를 만들겠다며, 유럽에서 포퓰리즘 정당을 묶는 프로젝트를 추진했다. 배넌의 언어 전략은 국경을 넘어 '세계적 극우 네트워크'를 형성했다. 그 결과 각국에서 포용보다는 배제, 협력보다는 혐오를 강화하는 담론이 확산되었다.

왜 위험한 언어인가?

스티브 배넌의 언어는 대중의 불만을 분열로 조직하고, 이민자와 엘리트를 적으로 규정하며, 디지털 알고리즘을 통해 증폭된 새로운 선동이었다. 그는 '미국을 되찾자'라는 구호로 환호를 얻었지만, 민주주의의 신뢰를 무너뜨리고 사회를 양극화했다. 그것은 우리에게 묻는다. 디지털 시대의 정치 언어는 국민을 하나로 묶는가, 아니면 갈라놓는가?

혐오와 편 가르기의 언어

유시민

유시민은 오랜 세월 '지식인'이자 '말 잘하는 사람'으로 대중 앞에 서왔다. 똑똑하고, 재치 있지만, 결정적으로 말을 무기로 바꾸는 사람이었다. 그의 말은 상대를 설득하기 위한 논변이 아니라, 상대를 향한 조롱과 분리의 도구가 되었다.

그는 끊임없이 '우리'와 '그들'을 나누었다. '그들'은 언제나 무지하거나 악의적이며, 퇴행적인 존재로 묘사되었다. 그 언어에는 '설득의 공간'이 없었다. 오직 '찬동하든가, 아니면 멍청하든가'의 선택만 있었다.

비판이 아닌 분열의 언어

유시민의 화법은 마치 토론처럼 보이지만, 실제로는 자기 진영의 결속을 다지는 연설이었다. 그는 논리적 반박보다 상대의 표현을 희화화하거나, 의도를 의심하고, 배후를 상정하며 몰아붙였다.

"그 사람은 그럴 줄 알았어."

"역시 그런 사람들이지."

"그런 주장을 하는 사람을 보면 딱 답이 나오지 않습니까?"

이런 말들은 한번 웃고 넘기기엔 위험하다. 왜냐하면 이 말들은 특정 집단에 대한 '지적 우위'와 '도덕적 우위'를 선포하고, 그 집단을 조롱하며 사회적 언어의 벽을 쌓기 때문이다.

패시브 어그레시브-정제된 혐오의 화법

유시민의 언어는 폭력적이지 않다. 그의 어휘는 세련되고, 문장은 명쾌하며, 유머는 지적이다. 그러나 그 미문美文 속에 감춰진 메시지는 상대를 향한 비하와 조소로 가득하다. 이른바 패시브 어그레시브Passive-aggressive, 겉으로는 논평, 속으로는 비난하는 수동적 공격 화법이다. 그는 직접적으로 욕하지 않는다. 대신 듣는 이로 하여금 스스로 분노하게 만든다.

이것은 매우 교묘한 방식이다. 왜냐하면 듣는 사람의 입장에서는 '내가 왜 이 말에 상처받았는지 설명하기 어렵기 때문'이다.

유시민은 방송과 칼럼, 인터뷰를 통해 자신의 세계관을 반복적으로 주입해왔다. 그는 사회를 '깨어 있는 사람'과 '낡은 사람'으로 나누었고, 전자는 대개 자신이 지지하는 진영, 후자는 반대 진영이었다. 그의 언어는 점차 대중을 설득하기 위한 수단이 아니라, 대중을 분열시키고, 지지자들의 우월감을 강화하는 수단이 되었다.

'말은 진보적이나, 태도는 폐쇄적인' 화법이야말로 언어가 가진 이중적 권력의 전형이다.

왜 위험한 언어인가?

유시민의 언어는 '정제된 언어로 증오를 포장한 사례'이다. 그의 말은 논리적이며 유머러스하지만, 그 이면에는 '다른 의견에 대한 조롱'과 '사회적 배제'가 숨어 있다. 스피치의 본질은 청중과의 소통이며, 진정한 연설가는 공감을 끌어내되 배제하지 않는다. 일견 지적이고 아름다워 보이는 언어로 사실은 누구를 밀어내고 있는지를 반드시 살펴보아야 한다.

Gravitas

Originality

Logic

Delivery

Emotion

Narrative

3장

우리 안의 말,
어떻게 변질되었는가

우리의 입에서 시작된 언어의 타락

거대한 독재자의 연단이 아니라, 지금은 우리의 입이 역사를 흔든다. 한때는 연설과 방송이 권력의 무대였다면, 이제는 누구나 손안의 화면으로 세상을 향해 말한다. 그리고 그 말은 더 빠르고, 더 거칠고, 더 짧아졌다.

'막말'은 정치의 언어가 되었고, '조롱'은 유행어가 되었다. 유튜브 진행자는 상대를 향해 비웃음을 던지고, 커뮤니티의 익명들은 혐오의 문장을 쏟아낸다. 말은 더 이상 설득의 도구가 아니라 공격의 수단이 되었다.

언어의 공간은 넓어졌지만, 영혼이 깃드는 공간은 점점 좁아지고 있다. 사람들은 상대를 이해하기보다 한마디로 이기려 한다. 짧은 문장, 자극적인 단어, 그리고 댓글 속 분노가 새로운 시대의 문법이 되었다. 이제 말은 논리보다 속도, 진심보다 조회 수를 따르게 되었다.

정치인은 말로 싸우는 대신 말로 상처를 남기고, 언론은 정보보다 감정을 팔며, 커뮤니티는 '우리'와 '그들'을 나누는 언어로 스스로를 강화한다. '내로남불'은 하나의 유행이 되었고, 여성·노인·장애인 등 사회적 약자는 주변부로 밀려난다. 가짜 뉴스는 사실을 왜곡하며, 댓글은 누군가의 하루를 파괴한다.

우리는 이제 '말의 위기'를 보고 있는 것이 아니라, '위기의 말들' 속에 살고 있다. 그것은 우리 안의 무심한 농담과 짧은 문장 속에서 자라난다. 언어의 타락은 언제나 조용히, 그러나 깊이 스며든다.

이 문턱을 넘으며 우리는 묻는다. 말은 언제부터 설득의 다리에서 조롱의 칼로 변했는가? 이 장은 바로 그 질문에서 출발한다. '우리의 말'은 지금 어떤 얼굴을 하고 있는가? 말의 윤리가 무너진 시대를 비추면서 우리는 다시 말의 책임을 배워야 한다.

공적 담론의 사유화

말은 정책이 되어야 하는데, 정치는 언쟁이 되었다

막말은 권력이 약해졌다는 신호다. 공적 발언이 인신공격으로 타락한 순간, 정치와 말은 동시에 품위를 잃었다. 언제부터인가 우리는 정책 토론이 아니라 말싸움 중계를 보게 되었다.

공적 언어가 무너질 때 생기는 3가지 문제

① 감정의 정치화

정치인의 막말은 지지자들의 감정을 대리 표현하는 방식으로 활용된다. '화난 국민의 대변자'처럼 보이기 위한 전략이다. 하지만 이는 이성의 축소와 대결의 격화로 이어진다.

② 언어의 선동화

막말은 상대에 대한 경멸을 조장한다. '가짜 뉴스', '적폐積弊', '토착왜구土着倭寇' 등은 정책 비판이 아닌 특정 꼬리표를 붙이는 레이블링labeling 전술이다.

③ 공론장의 사유화

공적 담론은 원래 다수가 함께 토론하고 숙의하는 공간이다. 그러나 막말 정치가 판을 치면, 그 공간은 '내 편만 진실'인 사유화된 전투장으로 변한다.

왜 사람들은 막말에 끌리는가?

막말은 강력한 감정의 언어다. 짜릿하고 명확하며 내 감정을 대신 말해준다.

이는 정치인의 '전문성'보다 '속 시원함'이 더 중요시되는 풍토와 맞물려 있다. 말 잘하는 사람보다 세게 말하는 사람이 주목받는다. 그러나 그 결과 의제는 사라지고 인신공격만 남는다.

'표현의 자유'는 '타인의 존엄성과 공동체의 언어 질서를 해치지 않는 선'에서 보장되어야 한다. 막말이 일상이 되면 어떻게 될까?

- 아이들은 그것을 따라 배운다.
- 국민은 진짜 문제를 잃어버린다.
- 공적 언어는 더 이상 공적이지 않게 된다.

골든 스피치의 기준은 무엇인가?

'골든 스피치'는 이기기 위해 말하지 않는 것이다. 상대의 말을 듣고 설득하기 위해 말한다. 정치인의 말이 막말이 될지, 감동이 될지는 그 말 속에 '타인에 대한 존중'이 있느냐에 달려 있다.

"막말이 공감이라면, 공감은 혐오의 또 다른 이름인가?"

"정치는 왜 혐오로 박수를 받으려 하는가?"

"정치인의 말은 권력의 무기이기 이전에, 사회의 얼굴이다."

지금 우리 정치의 얼굴은 어떤가? 그 질문에 답하는 것부터 골든 스피치의 첫걸음이다.

말장난에서 폭력으로
조회 수는 올랐지만, 말의 품격은 무너졌다

한 예능 프로그램에서 유명 코미디언이 패널에게 말했다.

"넌 그냥 생긴 것부터 패배자야."

현장에선 웃음이 터졌다. 시청률은 상승했지만 그 말은 누군가의 외모, 장애, 학력, 성별을 조롱하는 '폭력 언어'의 대표 사례였다. 오래전부터 방송은 '웃기기 위해선 뭐든 해도 된다'는 전제 아래 막말이 난무하고 있다. 방송은 말의 윤리를 세우는 무대가 아닌, 말의 책임을 벗어난 놀이터가 되었다.

유튜브 시대, 언어의 해방과 타락

유튜브는 표현의 자유를 해방시켰다. 누구나 마이크를 잡고 말할 수 있게 되었지만, 동시에 필터도 윤리도 책임도 사라졌다. 마구잡이로 쏟아내는 말들이 수십만 구독자를 웃기고, 분노를 자극하고, '시원한 발언'으로 포장되었다. 유튜브는 지금 '말장난으로 사람을 조리돌림하는 시장'이 되었다.

문제는 콘텐츠 제작자만이 아니다. 시청자들의 반응과 구독, 후

원, 댓글이 이런 말들을 키운다. 이런 반응은 '악의 없는 유머'라는 이름으로 언어폭력을 무력화하고, '더 자극적인 말'로 경쟁하는 시장을 형성한다.

언어폭력의 3단계

① 조롱의 유머화

웃음을 무기로 타인을 공격한다. 장애인 흉내, 사투리 비하, 외모 평가가 웃음 포인트가 된다.

② 폭로와 비난의 공공화

실명이든 아니든 누군가를 실시간으로 망신 주고 모욕하는 콘텐츠가 유행한다. 명예훼손, 모욕죄로 이어지는 경우도 많지만, '사과하면 끝'이라는 논리가 면죄부처럼 사용된다.

③ 정당한 비판의 왜곡

건설적인 비판마저 인신공격성 언어와 결합해 '상대의 말살'을 목표로 한다. 표현의 자유가 '표현의 전투'로 변질되는 순간이다.

말이 칼이 되는 시대, 우리는 무엇을 할 것인가?

'방송과 유튜브의 언어'를 규제하는 것은 쉽지 않다. 그렇다면 우리가 할 수 있는 건 윤리적 감식안을 갖추는 것이다.

- 이 말은 웃음을 주는가, 상처를 주는가?
- 이 말은 비판인가, 비난인가?

• 이 콘텐츠는 풍자인가, 조롱인가?

이러한 질문 없이 소비되는 말은 어느새 '폭력의 일상화'를 조장하는 도구가 된다.

골든 스피치는 말을 고른다

말은 쉬워졌고, 전파는 빨라졌으며, 영향력은 커졌다. 하지만 그만큼 '말의 무게와 윤리'가 더 중요해졌다. 골든 스피치는 사람의 등을 떠미는 말이 아니라, 어깨를 감싸는 말이다. 조회 수보다 책임을, 유행어보다 존중을 우선시하는 말이다.

말은 사람을 지우기도 하고, 사람을 세우기도 한다.

우리는 지금 어떤 말을 세우고 있는가?

커뮤니티에서 '일상적 조롱'의 만연

그냥 웃자고 한 말이, 누군가에겐 하루를 망친다

지금 이 순간에도 수십만 개의 온라인 게시글 아래 '비웃음과 혐오'가 기본값처럼 붙는다. 그리고 '익명'이라는 가면이 모든 책임을 지워주면서 아무런 죄책감과 양심 없이 막말을 쏟아낸다. 혐오언어는 이렇게 일상이 된다.

① 줄임말과 신조어로 감춘 혐오
'맘충', '한남', '된장녀', '틀딱', '급식충' 등은 특정 집단에 대한 조롱을 '웃긴 말'로 포장한 혐오 표현이다. 줄임말 속에 혐오가 농축되어 있다.

② 유머화된 조롱
어떤 커뮤니티에서는 누군가의 장애나 외모를 '드립'이라는 이름으로 풍자한다. 그러나 그것은 비판이 아니라 희화화이고 궁극적으로는 배제를 불러온다.

③ 배척과 몰이의 구조화
집단적 언어로 개인을 조용히 밀어내는 '언어적 따돌림'이다.

집단 조롱의 사회적 파장

이런 혐오언어들이 남긴 흔적은 결코 가볍지 않다.

'한 줄의 말'이 '한 사람의 삶'을 지워버리는 시대가 되었다.

· **취업 포털 사용자 B씨**
"여성은 감성적이라 개발 못 해"라는 댓글을 보고 활동을 중단했다.

· **유튜브 채널 운영자 C씨**
"정신병자 같다"는 악플 수천 개로 심리적 후유증을 느꼈다.

플랫폼도, 법도 따라오지 못하는 현실

물론 악성 댓글이나 혐오 발언은 법적으로 제재받을 수 있다. 하지만 그 속도는 느리고, 실효성은 미미하다. 왜냐하면 그런 말들은 너무 많고, 너무 빠르고, 너무 가볍기 때문이다. 플랫폼의 신고 기능이나 필터링도 '표현의 자유 침해'를 의식해 최소한으로 운영된다.

결국 온라인 커뮤니티는 여전히 "말은 아무렇게나 해도 된다"는 착각이 통용되는 '언어의 무법지대'로 남아 있다.

말의 감수성, 우리가 회복해야 할 마지막 방어선

'말의 감수성'은 단지 예민함이 아니라, 다른 사람의 마음을 예측할 수 있는 공감의 능력이다.

· 내가 쓰는 줄임말 하나가 누군가의 생애를 부정할 수 있다는

상상
· 내가 웃으며 던진 한마디가 상대에겐 '폭력'이 될 수 있다는 책임감
· 누군가를 몰아내는 말 대신, '다르게 생각할 여지'를 남기는 용기
· 말은 익숙해질수록 무례해지기 쉽다. 그래서 우리는 '말을 새삼스럽게' 돌아보아야 한다.

골든 스피치는 침묵의 윤리도 안다

좋은 말만 골라 하는 것이 '골든 스피치'의 전부는 아니다. 때로는 말을 아끼고, 상처를 줄 수 있는 표현을 삼가고, 익명의 공간에서도 품위를 지키는 것이 진정한 '말의 리더십'이다. 우리는 모두 매일 온라인에서 작은 마이크를 쥐고 있다. 그 마이크가 '칼이 될지, 등불이 될지'는 우리 손끝에 달려 있다.

막말, 조롱, 혐오언어 비교

구분	정치인의 막말	방송·유튜브의 인신공격
발언 주체	국회의원, 정치인, 정당 관계자	방송인, 유튜버, 진행자
표현 방식	인신공격, 비하, 조롱, 이분법적 선동	외모, 정신건강, 사회적 약자를 희화화, 폭로성 언어
주요 동기	감정 대리, 정치적 차별화, 지지층 결집	조회 수, 자극, 상업적 화제성
주요 특징	공적 발언이 사적 비난으로 전락	장난으로 포장한 공개 조리돌림
사회적 파장	공론장의 사유화, 정쟁화	말의 저급화, 모방과 확산
피해 양상	정치 혐오, 세대 갈등, 노령층 비하 등	우울감, 자살 유발, 사회적 낙인
책임 구조	정당 내부 자정, 윤리위 존재 (하지만 유명무실)	자율 규제+외부 신고(시청자위원회 등)
골든 스피치	공적 발언은 품위와 논리가 있어야 함	웃음보다 존중이 우선되어야 함

말하기 전, 댓글 달기 전, 한 번 더 자문해보는 12가지

	질문	점검
1	이 말은 사실에 근거한 말인가, 감정에 휩쓸린 말인가?	☐
2	이 말은 사람을 설득하려는 말인가, 비난하는 말인가?	☐
3	상대가 직접 들었다면 기분이 어떨지 상상해보았는가?	☐
4	누군가에게 상처가 될 수 있다는 사실을 인식하고 있는가?	☐
5	공적 공간(댓글, 유튜브, 회의 등)에서 하는 말이라는 걸 인식하고 있는가?	☐
6	이 말은 정보 전달인가, 감정 배설인가?	☐
7	웃자고 한 말이라 해도 누군가에겐 상처가 될 수 있음을 생각했는가?	☐
8	이 말이 차별, 비하, 조롱의 뉘앙스를 담고 있는 건 아닌가?	☐
9	익명성 뒤에 숨어서 평소 하지 않을 말을 하고 있는 건 아닌가?	☐
10	이 말을 통해 무언가를 바꾸고 싶은가, 단지 누군가를 깎아내리고 싶은가?	☐
11	이 말이 퍼졌을 때, 내 얼굴을 드러낼 수 있을 만큼 책임질 수 있는가?	☐
12	지금 이 말은 '골든 스피치'인가?	☐

□ 체크 결과

- **10개 이상 (높은 감수성)**

→ 훌륭한 언어 윤리 감각 보유! 골든 스피치의 자질이 충분합니다.

- **6~9개 (주의 필요)**

→ 때때로 감정이 앞설 수 있습니다. '한마디의 무게'를 자주 되새겨보세요.

- **5개 이하 (경고 신호)**

→ 말이 곧 나를 대표합니다. 자신의 언어 습관을 점검하고, 말의 책임을 더 진지하게 바라볼 필요가 있습니다.

내로남불 언어의 이중성 해부

말이 무기일 수는 있어도, 양날의 칼이 되어선 안 된다

한 정치인이 기자회견에서 말했다. "무책임한 발언은 민주주의를 해칩니다." 그러나 불과 몇 달 전, 그는 야당을 향해 "저런 인간들은 국회에 있을 자격이 없다"고 말한 바 있다. 이처럼 정반대의 말이 한 사람에게서 나올 때, 사람들은 그 말의 논리보다 '진정성'을 의심한다. '내로남불'은 단순한 언행 불일치가 아니다. 그것은 말의 윤리 기준을 자기편에게는 관대하고, 상대에게는 엄격하게 적용하는 태도다.

'내로남불'이 남기는 3가지 해악

① 공적 담론의 신뢰 붕괴

말은 신뢰 위에서 작동해야 한다. 하지만 내로남불은 말의 무게를 가볍게 만들고 냉소를 낳는다.

② 이성적 토론의 실종

한쪽의 말이 일관성을 잃으면, 대화는 '진영 싸움'이 되고, 토론은 '흑백논리'로 퇴행한다.

③ 정치 불신과 혐오의 확산

"어차피 다 거기서 거기다"라는 환멸은 유권자의 탈정치화, 혐오 정치의 부활로 이어진다.

말의 이중성

유형	예시	문제점
기준의 이중화	"표현의 자유는 중요하다" → 내 편의 막말은 옹호, 남의 말은 규탄	말의 공정성 상실
책임 회피	"내 말은 의도한 게 아니다" → 상대의 말엔 "무조건 사과하라"고 요구	언어 윤리의 자기중심성
해석의 유리함 선택	"내 말은 맥락을 봐야 한다" → 상대의 말은 '한마디'로 단죄	해석 권력의 독점

일상 속의 '내로남불' 언어

"나는 농담인데, 왜 너만 예민하니?"

"내가 하면 충고, 네가 하면 꼰대질!"

"우리 애는 개성이지만, 네 애는 버릇없다."

이처럼 내로남불 언어는 정치권의 문제를 넘어 우리 삶 곳곳에 스며들었다. 그 본질은 다음 한 줄로 정리된다.

"내 말은 이해받아야 하고, 남의 말은 비판받아야 한다는 착각."

골든 스피치는 자신의 말을 거울에 비춰본다

진정한 '골든 스피치'는 먼저 자신의 말을 되돌아본다.

- 내가 예전에 했던 말과 지금 하는 말이 일치하는가?
- 내가 상대에게 강요하는 말을, 나 스스로 지키고 있는가?
- 말의 논리보다 태도에서 이중성이 드러나지 않는가?

골든 스피치는 말로 이기려 하는 것이 아니라 말로 신뢰를 얻으려 한다.

우리는 흔히 말의 '내용'만 따진다. 하지만 말의 '태도', '적용 기준', '반성의 유무'는 그 이상으로 중요하다. '내로남불'은 말의 품격이 아니라, 말의 권력을 향한 욕망의 발로다. 골든 스피치는 그 욕망을 절제하고, 언어를 공동체의 신뢰 자산으로 세우는 것이다.

말로 배제된 사람들
말이 먼저 그들을 사회 밖으로 몰아낸다

우리는 언제부터 여성을 '맘충', 노인을 '틀딱'이라 부르고, 장애인을 '병신'이라는 단어로 조롱하기 시작했는가? 그 말들은 처음에는 유머로, 밈으로, 풍자로 퍼졌지만, 곧 현실에서 사람을 배제하고 소외시키는 실질적 무기로 변했다.

말의 첫 번째 배제는 '이름 붙이기'로 시작된다

성차별적 언어는 단순한 농담을 넘어서 전체를 하나의 열등한 존재로 환원하는 구조가 숨어 있다.

- 여성의 전문성을 폄하한다.
- 여성의 특정 행동을 규범화한다.
- 결국 여성을 사회적 발언권에서 밀어낸다.

노인을 향한 혐오언어는 경륜과 삶의 흔적을 가치 없는 것으로 만드는 '말의 폭력'이다. 그 말들은 노령층의 목소리를 '낡음'으로 간주하고, 이들의 사회적 발언을 '퇴출'로 규정한다. 그렇게 말은 세대 간 다리를 끊고, 세대 간 혐오를 심는다.

　장애를 있는 그대로 보지 않고 모욕의 도구로 사용한다.
　· 인격을 지운다.
　· 정체성을 조롱한다.
　· 참여의 권리를 박탈한다.

　말에서 밀려나면 존재 자체가 부정되기 시작한다. 그 어떤 사회도 말로써 약자의 인권을 침해할 권리는 없다.

언어의 차별은 곧 구조의 차별로 이어진다
말은 습관이 되고, 습관은 문화가 되고, 문화는 결국 제도와 구조를 형성한다.
　· 여성을 무능하게 말하면, 여성 지도자가 자라나지 못한다.
　· 노인을 무가치하게 말하면, 경험의 가치가 사라진다.
　· 장애인을 비정상으로 말하면, 사회는 장애를 배제하게 된다.
　차별적인 말이 반복될수록, 사회는 그 말을 사실로 믿기 시작한다.

골든 스피치는 말로 다리를 놓는다
말을 통해 누구를 밀어내는 것이 아니라, 말로 함께 설 자리를 만든다.

- 여성의 역량을 지지하는 말
- 노인의 지혜를 존중하는 말
- 장애인의 권리를 평등하게 인식하는 말

이런 말들은 사회의 미래를 바꾼다. 말은 현실보다 먼저 움직이기 때문이다.

가짜 뉴스와 증오 담론

말이 거짓에 올라타면, 진실은 그늘에 갇힌다

말은 정보에 기대고, 정보는 말로 흉포해진다.

현대사회에서 '말'은 단순한 발화가 아니라, 미디어를 통해 확산되는 '정보의 탈을 쓴 감정 자극'이 되었다. 특히 '가짜 뉴스'는 사실을 가장한 거짓이며, '증오 담론'은 그 거짓에 감정을 얹은 것이다.

"이민자 때문에 우리 세금이 줄줄 새고 있다."

"좌파들은 나라를 팔아먹는다."

"이건 메이저 언론이 숨긴 진실이다."

이런 말은 논리에 앞서서 공포와 분노로 작동하므로 정보가 아니라 선동이 된다.

가짜 뉴스의 언어 특징

특징	설명	예시
감정 자극형	분노와 불안 유도	"분노주의! 충격 실화!"
비난 지향형	특정 대상 공격	"그 정치인, 사실 알고 보니……"
확신 강조형	의심 여지 봉쇄	"100% 팩트! 반박 불가!"
권위 조작형	전문성 위장	"익명의 제보자에 따르면……"

가짜 뉴스는 말이라는 외피(外皮)를 쓰고 있지만, 말의 윤리를 벗어난 기획된 조작이다.

왜 사람들은 이런 말에 끌리는가?

- 정보 과잉 속의 단순화된 해답에 끌린다.
- 복잡한 세계를 '선과 악', '우리와 그들'로 단순하게 나눈다.
- 자기 신념과 감정을 확인해주는 '확증편향의 언어'다.

가짜 뉴스는 정보가 아니라, '감정을 정렬시켜 주는 말의 엔진'이다. '가짜 뉴스 → 감정 자극 → 분노 확산 → 혐오 표현 활성화 → 실제 피해 → 더 많은 가짜 뉴스'라는 악순환의 고리에 빠진다.

증오 담론의 이러한 악순환 구조는 특히 정치, 종교, 성별, 인종 이슈에서 그 파괴력이 치명적이다. 말은 더 이상 개인의 견해가 아니라, '의도된 언어 조작의 매개체'로 사용되고 있다.

피해는 누구에게 향하는가?

- 특정 인종, 종교, 성소수자
- 정치적 소수자 또는 비판자
- 공익 제보자 또는 언론인
- 사회적 약자 전체

이들은 '말의 희생양'이 되고, 사실 여부와 무관하게 '오해의 언어'에 갇힌다.

골든 스피치는 말 이전에 정보 윤리를 지킨다

골든 스피치는 사실에 기반해야 하고, 말은 상대방을 비난하기보다 사실을 해명하는 구조를 가져야 한다. 말하기 전에 다음과 같은 질문을 먼저 한다.

- 이 말의 출처는 믿을 만한가?
- 이 정보는 검증이 가능한가?
- 이 말이 누군가에게 피해를 줄 수 있는가?
- 내가 믿고 싶은 것인가, 사실인가?

가짜 뉴스에 맞서는 데는 사실 확인만으로는 부족하다. 진실에 대한 태도, 언어의 정직성, 감정 조작에 저항하는 시민의 감수성이 함께 필요하다.

언어의 일상적 흉기화

가장 날카로운 칼은, 가장 가벼운 말 속에 숨어 있다

짧고 빠르며, 때로는 아무 생각 없이 뱉은 말은 기억에서 지워지지 않고 남아, 자신의 존재를 의심하게 만들고, 감정을 침식시키며, 심하면 생명을 끊게 만들기도 한다. 말은 흘러가지만, 상처는 남는다.

한 줄의 말이 하루를 무너뜨린다

그 결과, 무책임한 장난으로 포장된 말이 실제로는 인격을 공격하는 흉기가 된다. 이런 말은 비판을 가장한 조롱이다. 어느 순간 우리는 무의식적으로 가해자의 말투를 빌리고 있다.

'짧은 말'의 파괴력이 강한 이유

특성	설명
① 익명성	책임질 필요 없다는 착각이 말의 잔혹함을 키운다.
② 압축성	짧은 문장은 강한 인상을 주고, 왜곡된 말을 더 빠르게 전파한다.
③ 빠른 소비성	댓글은 순식간에 사라지지만, 그 순간의 언어는 깊이 박힌다.
④ 밈 경향	조롱은 반복되며 유행처럼 소비되고 공유된다.

실시간 언어폭력의 실제 피해

- 고등학생 A 댓글

  "쟤는 왜 숨 쉬냐?"는 댓글을 받고 극단적 선택

- 인플루언서 B

  노답, 한남, 메갈년 등 반복적 멸칭 댓글로 방송 중단

- 장애를 가진 작가 C

  "불편한 얼굴 그만 보여"라는 댓글로 오프라인 활동 중단

  이것은 단순한 표현의 문제가 아니라 생존의 문제다.

말의 무게를 회복하려면

'말을 가볍게 여기는 문화'가 말의 폭력성을 키운다. 말의 무게를 회복하기 위해서는 다음 질문을 해야 한다.

- 이 말은 유머인가, 조롱인가?
- 이 댓글을 당사자가 본다면 어떤 감정일까?
- 내가 이 말을 썼다는 사실을 자랑스럽게 말할 수 있는가?

짧은 말일수록 신중해야 한다. 더 오래 남기 때문이다. 한 줄이라도 깊이 있게 쓰고, 웃기기보다 품격 있게 말하며, 익명이라도 정직을 유지해야 한다.

Part 5

말의 미래,
다시 말이 필요한 시대를
위하여

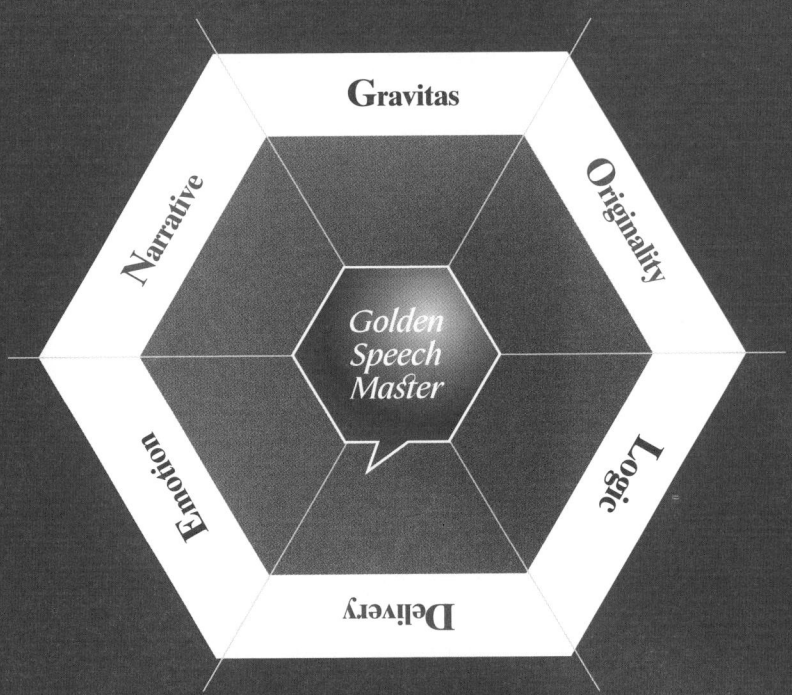

Gravitas

Originality

Logic

Delivery

Emotion

Narrative

1장

언어의 위기와 전환 – 말의 경계를 묻다

인공지능 시대, 말은 어디로 가는가

2030년대의 어느 회의실. AI가 회의를 진행하고, 음성인식 시스템이 발언을 기록한다. 사람들은 고개를 끄덕이지만, 그들의 말은 더 이상 서로를 향하지 않는다. 알고리즘은 완벽하게 문장을 정리하지만, 정작 그 속엔 '숨결'이 없다.

AI의 말은 정보를 전달하는 데는 능숙하지만, 감정을 전달하지는 못한다. 기계는 문법을 정확하게 구사하지만 진심을 담은 망설임을 표현할 줄 모른다. AI는 감정을 예측하지만, 고백을 대신할 수는 없다.

우리가 언어를 잃는다는 것은 단어를 잊는다는 뜻이 아니다. '말의 의미를 잃는 것', 그것이 진짜 위기다.

인간의 말은 원래 실수와 떨림, 감정의 불완전함 속에서 빛났다. 그러나 오늘날 우리는 그 불완전함을 부끄러워하며, 완벽하게 편집된 언어만을 남기려 한다.

말은 점점 기술이 되고, 대화는 점점 데이터가 된다. 그 결과, 우리는 서로의 마음을 '계산'할 뿐 더 이상 '이해'하지 못한다.

AI가 대체할 수 없는 것은 윤리와 책임의 언어, 그리고 타인의 고통 앞에서 침묵할 줄 아는 언어다.

진정한 인간의 말은 지식을 전하는 도구가 아니라 존재를 잇는 다리다. 이제 우리는 스스로에게 물어야 한다. 기계의 언어가 완벽해질수록, 인간의 언어는 어디로 가야 하는가? 이 장은 그 물음에서 시작된다. 말의 경계가 무너지는 시대, 우리는 다시 '인간의 말이란 무엇인가'를 묻는다.

AI 시대의 언어적 과제

인간의 말은 어디로 갈 것인가?

우리는 지금 '말'의 경계가 무너지는 시대에 서 있다. 과거에 말은 인간만이 가진 고유한 능력이었다. 생각을 언어로 표현하면서, 타인과 연결하고, 감정을 공유하는 것은 인간의 본질이었다. '말한다'는 것은 곧 '인간답다'는 증거였다. 그러나 이제 그 공식이 흔들리고 있다.

AI는 뉴스를 읽고, 시를 쓰며, 연설문을 작성한다. 심지어 상담을 대신하고, 교사가 되어 아이들에게 지식을 전달한다. 전화로 대신 예약을 잡아주는 AI 비서, 감정 분석을 흉내 내는 AI 카운슬러, 기사와 칼럼을 작성하는 자동화된 언어 모델…… 말은 더 이상 인간만의 것이 아니다.

이제 우리는 근본적인 질문 앞에 선다. 말을 할 수 있다는 것이 여전히 인간됨의 증거가 될 수 있을까? 말이 넘쳐나는 시대, 우리는 정말 '말하고' 있는가, 아니면 단지 '말을 흉내 내는 소리에 잠겨 있는가?

AI의 언어, 인간의 언어

AI는 방대한 데이터를 학습해 인간처럼 말하는 법을 익힌다. 문장을 완성하고, 맥락에 맞는 답을 내놓으며, 감정을 흉내 낸다. 때로는 인간이 쓴 글보다 더 매끄럽고 설득력 있는 문장을 만들기도 한다. 그러나 그 말에는 의도도, 신념도, 책임도 없다.

AI의 말은 반응이지 결단이 아니다. 정보의 조합이지 존재의 외침이 아니다. 예컨대 "당신의 슬픔을 이해합니다"라는 문장을 AI가 말할 수는 있다. 그러나 그 말은 단지 데이터에 기반한 출력일 뿐 고통을 함께하는 공감의 언어가 될 수 없다.

반면, 인간의 말은 삶을 거쳐서 나온다. 누군가에게 건네는 "미안합니다"라는 한마디에는 그 사람의 역사, 가치관과 내면이 담겨 있다. 인간의 말은 시간의 맥락과 감정의 무게, 존재의 의지를 품는다.

AI는 '정확한 말'을 할 수 있다. 하지만 '책임 있는 말'을 할 수는 없다. AI는 누군가를 위로할 수 있지만, 위로받을 수도, 용서받을 수도 없다. 기계가 만든 연설은 감탄을 자아낼 수 있지만, 심장을 울리는 감동을 주기는 어렵다.

기술이 만든 말의 시대일수록 오히려 말의 윤리와 진정성을 더 깊이 성찰해야 한다. 정치인이 AI에게 연설문을 쓰게 할 수는 있다. 그러나 그 말의 무게와 결과는 결국 인간이 감당해야 한다. 교사가 AI의 설명을 활용할 수는 있다. 그러나 학생의 눈빛과 마음을 읽어내고 전하는 격려를 AI가 대신할 수 없다. 기술은 언어를 전달하지만, 인간만이 그 언어에 책임을 지고 의미를 완성한다.

기계가 할 수 없는 말들

인간에게는 기계가 절대 대신할 수 없는 말이 있다. 아이가 눈물 흘릴 때 건네는 "엄마가 여기 있어"라는 말, 실수한 동료에게 전하는 "괜찮아, 누구나 그럴 수 있어"라는 말, 수십 년 묵은 관계 속에서 어렵게 꺼내는 "미안해, 오래도록 말하지 못해서……"라는 고백.

이런 말은 논리나 알고리즘으로 만들어지지 않는다. 삶의 체험, 감정의 떨림, 사랑과 용기 같은 인간의 내면에서 나온다. AI는 문장을 흉내 낼 수 있지만, 그 순간의 떨림과 맥락을 전하지는 못한다.

AI 시대의 역설은 분명하다. 기계가 말을 더 잘할수록 인간의 말은 더 깊고 진실해야 한다는 점이다. 기계가 문장을 구성할 때, 인간은 질문해야 한다. "왜 나는 말해야 하는가? 무엇을 말할 것인가? 내 말이 누구를 살릴 수 있는가?"

말은 단순한 기능이 아니라 존재의 표현이다. 우리는 더 이상 '말 잘하는 사람'만으로는 충분하지 않다. 말에 책임지는 사람, 말로 존재를 증명하는 사람이 되어야 한다.

윤리로 말하는 시대

말의 미래는 기술이 아닌 윤리에 달려 있다. AI는 수많은 언어를 흉내 낼 수 있지만, 윤리적 결단과 책임의 무게를 감당할 수는 없다.

"말이 사람을 살리기도 하고 죽이기도 한다"는 사실을 알고 선택할 수 있는 것은 인간뿐이다.

따라서 AI 시대의 언어적 과제는 분명하다. 기술의 힘을 빌리되, 인간만이 할 수 있는 말, 진심, 위로, 용서, 사랑, 책임을 더 깊이 인식해야 한다. 말은 더 이상 단순한 전달이 아니라, 삶의 윤리적 선택이다.

AI가 말하는 시대, 인간의 말은 어디로 갈 것인가? 정답은 명확하다. 인간의 말은 더 깊어져야 한다. 기계가 정보를 말할 때, 인간은 의미를 말해야 한다. 기계가 언어를 흉내 낼 때, 인간은 존재로 말해야 한다.

말은 기술이 아니라 생명이다. 말은 선택이며, 책임이며, 윤리다. 그러한 언어는 오직 인간만이 가질 수 있다. 그러므로 AI 시대의 말은 인간에게 새로운 과제를 던진다. "왜, 무엇을, 누구를 위해 말하는가?" 이 질문에 답할 수 있을 때, 우리는 기계의 말이 아니라 인간의 말을 지켜낼 수 있다.

스피치 윤리와 책임의 회복

말에 책임을 지는 사회

우리는 흔히 "말은 바람과 같다"고 말한다. 순간 흘러가고 금세 사라지는 것처럼 느껴지기 때문이다. 그러나 실제로는 그렇지 않다. 말은 공기를 타고 흩어지는 것이 아니라, 사람의 마음속에 남고, 사회구조 속에 스며들며, 역사 속에 각인된다.

한 지도자의 연설 한마디가 전쟁을 촉발하고, 한 스승의 따뜻한 말이 제자의 인생을 바꾼다. 말은 눈에 보이지 않지만, 그 파급력은 도시를 무너뜨리는 폭탄보다, 한 세대를 일으키는 사상보다 더 크다. 그렇기에 말에는 윤리가 필요하다. 특히 연단에서 하는 스피치, 방송과 미디어를 통한 발언은 수백수천, 때로는 수백만 명에게 닿을 정도로 사회적 파급력이 큰 만큼 도덕적 책임이 막중하다.

책임 없는 말이 낳은 상처들

현대사회는 표현의 자유를 폭넓게 보장한다. 누구나 연단에 오를 수 있고, SNS에 글을 올릴 수 있으며, 댓글로 의견을 남길 수 있다. 그러나 자유가 확대된 것에 비해 책임은 오히려 희미해졌다.

정치인들의 선동적인 발언, 방송인들의 무심한 차별적 농담, 유명인의 근거 없는 음모론, 온라인에서 무차별적으로 퍼지는 악성 댓글. 이 모든 말은 누군가에게 상처가 되고, 공동체를 분열시키며, 말 자체의 신뢰를 무너뜨린다.

르완다 내전 당시 라디오에서 흘러나온 "바퀴벌레를 박멸하라"는 선동은 집단 학살로 이어졌다. 현대의 SNS 공간에서도 허위정보 하나가 증오와 폭력을 불러일으킨다. 말은 결코 사소하지 않다.

말의 자유가 표현할 권리라면, 말의 책임은 그 권리를 인간적으로 지켜내는 도덕의 줄기다. 말의 자유는 필요하지만 무책임한 말은 사회를 병들게 한다.

좋은 말이란 무엇인가?

그렇다면 스피치에서 '좋은 말'은 무엇일까? 단순히 유려하거나 화려한 표현만으로는 충분하지 않다. 좋은 말은 청중의 마음을 일으켜 세우되 그 존엄을 해치지 않는다. 사회적 해악을 피하며, 사실에 근거하고, 공동체를 선한 방향으로 이끈다.

스피치 윤리의 4가지 원칙
① **진실성** 사실과 정직에 기반한 언어
② **공감성** 청중의 감정과 입장을 존중하는 태도
③ **비폭력성** 공격, 조롱, 혐오를 배제한 표현

④ **공공성** 사회 전체에 긍정적인 영향을 미치는 가치 지향

이 4가지는 단순한 이상이 아니다. 연단에 서는 사람, 방송에서 말하는 사람, 글을 쓰는 사람이라면 반드시 지켜야 할 최소한의 기준이다.

말하는 자의 윤리는 선택이 아니라 책무다

지도자, 강연자, 교사, 언론인, 작가, 콘텐츠 제작자…… 사람들 앞에서 말하는 사람은 누구나 말의 책임을 져야 한다. 그러나 우리는 종종 무책임한 변명을 듣는다.

"나는 그런 뜻이 아니었다."

"그저 내 생각을 말했을 뿐이다."

"해석은 듣는 사람의 몫이다."

이러한 말은 책임을 회피하려는 방패일 뿐이다. 말이 사회적 힘을 가지는 순간 그 말은 곧 행위가 된다. 행위에는 의도뿐 아니라 결과도 따라오기 마련이다. 정치인의 무심한 발언 하나가 외교적 위기를 초래하고, 교사의 한마디가 학생의 자존감을 무너뜨릴 수 있다. 따라서 말하는 사람은 말의 결과까지 책임져야 한다.

오늘날 우리는 새로운 위기를 맞이했다. AI가 인간의 말을 대신하고, 가짜 뉴스가 진실을 뒤덮으며, 댓글과 온라인 언어가 말의 품

격을 무너뜨리고 있다. 정보의 양이 넘치는 것에 반해 말의 깊이는 얕아지고 있다.

바로 지금이 '말의 윤리'를 회복해야 할 시대다. 말하기는 기술이 아니라 태도이며, 설득은 논리가 아니라 존중에서 시작된다. 누가 더 많은 정보를 말하느냐가 아니라, 누가 더 책임 있게 말하느냐가 중요하다.

스피치 교육도 달라져야 한다. 단순히 발표 기술과 발음, 억양을 훈련하는 차원을 넘어, 공감 능력, 가치 판단, 공동체 감각을 함께 길러야 한다. 말은 기술이 아니라 인간성의 표현이기 때문이다.

AI와 가짜 뉴스의 시대, 말이 흔해질수록 말의 무게는 가벼워지기 쉽다. 그렇기에 다시금 말의 윤리를 붙들어야 한다. 진실과 공감, 비폭력과 공공성을 지닌 언어야말로 공동체를 지키고 미래를 여는 힘이 된다.

이제 우리는 물어야 한다. 나는 어떤 말로 세상을 세우고 있는가? 이 질문에 답할 수 있을 때 비로소 말은 인류의 희망이 된다.

다언^{多言} 시대의 딜레마

말이 넘쳐나는 사회

우리는 지금 역사상 가장 많은 말이 생산되는 시대에 살고 있다. SNS에 하루에도 수십억 개의 메시지가 올라오고, 블로그와 유튜브, 팟캐스트와 실시간 방송이 언어의 파도를 일으킨다. 이제는 AI까지 뉴스와 시, 연설문, 심지어 위로의 메시지를 만들어낸다.

그러나 양의 증가가 곧 질의 향상을 의미하지는 않는다. 오히려 말이 넘쳐날수록 진실된 말은 희귀해진다. 무책임한 발언, 근거 없는 소문, 클릭 수를 노린 선정적인 언어는 끊임없이 쏟아지지만, 진정한 성찰과 책임이 담긴 말은 점점 찾기 어렵다. 다언^{多言}의 시대는 진실의 풍요가 아니라, 진실의 가뭄을 동반한다.

말의 경계가 무너질 때

과거에는 말에 무게가 있었다. 연설은 치밀한 준비 끝에 이루어졌고, 발표에는 사회적 책임이 뒤따랐다. 정치인은 발언 하나로 자리를 잃을 수 있었고, 학자는 논문 한 줄에도 생애의 신뢰를 걸었다. 그만큼 말은 신중하게 다루어졌다.

그러나 지금은 누구나 발언할 수 있고, 누구나 말로 사람들을 흔들 수 있다. 댓글 한 줄이 지도자의 연설만큼 영향력을 가지고, 짧은 영상 속 발언이 수백만 명에게 소비되기도 한다. 말의 민주화가 이루어진 동시에 말의 품격은 무너지고 있다.

경계가 무너진 말은 혼란을 낳는다. 익명성 속에서 쏟아지는 욕설과 비방, 검증되지 않은 가짜 뉴스, 누군가의 고통을 가볍게 소비하는 농담들은 언어의 가치를 떨어뜨리고, 결국 사회 전체를 피로하게 만든다.

말과 소음의 차이

모든 말이 곧 언어적 가치가 있는 것은 아니다. 어떤 말은 단지 소음일 뿐이다. 정제되지 않은 분노의 폭발, 의도적으로 조작된 정보, 상처 주는 것을 목적으로 하는 혐오 표현은 소통이 아니라 파괴다.

프랑스 철학자 파스칼은 "인간의 불행은 침묵할 줄 모르는 데서 시작된다"고 했다. 소음이 언어 공간을 점령하면, 사람들은 서로의 말을 듣기보다 자기 말만 내뱉는다. 그 결과는 대화가 아니라 병든 소통, 공동체의 분열이다.

우리는 '말'과 '소음'의 경계를 구분해야 한다. 의미 없는 반복과 공격적인 발언을 줄이고, 진정성 있는 대화와 숙고의 언어를 회복하는 것이 말의 미래를 위한 첫걸음이다.

스피치란 본래 공동체적 행위였다. 고대 아테네의 광장에서 말은 공적 결정을 위한 언어였고, 중세 유럽의 설교는 공동체를 일깨우는 언어였다. 한국의 독립운동가들이 남긴 연설은 민중을 하나로 묶는 힘이었다.

말은 '내가 말한다'로 끝나는 것이 아니라, '너에게 닿는다'로 완성된다. 그러나 오늘날 다언의 사회에서는 '나의 말'만 강조되고 '너의 반응'은 무시되기 쉽다. 청중을 고려하지 않는 자기과시적 발언, 조회 수만 노린 과잉 표현, 타인을 공격하는 언어가 넘쳐난다.

우리는 다시 말의 본질로 돌아가야 한다. 언어는 상호 이해를 위한 다리이며, 공감을 위한 통로이고, 공동체적 책임을 나누는 수단이다. 스피치는 권력을 과시하기 위한 도구가 아니라 공동체를 세우는 공적 행위다.

침묵의 용기, 말의 용기

다언의 시대일수록 중요한 것은 "언제 말할 것인가, 언제 침묵할 것인가"를 아는 지혜다. 문제는 말해야 할 때 침묵하고, 침묵해야 할 때 외치는 것이다. 권력의 부정 앞에서 침묵하는 것은 비겁함이고, 사소한 일에 과잉 발언하는 것은 사회를 피로하게 만든다.

때로는 말하지 않는 것이 더 큰 메시지가 된다. 그러나 사회적 불의와 차별 앞에서 침묵은 그 자체로 가해가 된다. 다언의 시대일수록 우리는 '왜 말하는가, 누구를 위해 말하는가, 그 말이 공동체에 어떤 결과를 낳을 것인가'를 더 깊이 고민해야 한다.

2010년 아이슬란드 화산 폭발 때, SNS에는 확인되지 않은 괴담이 퍼졌다. 언어의 홍수가 공포를 증폭시키면서, 정작 필요한 정보는 뒤로 밀려났다.

한국의 세월호 참사 당시 일부 언론은 확인되지 않은 추측을 남발했다. 그 말은 희생자 가족을 더욱 고통스럽게 만들었고, 사회 전체에 불신을 키웠다.

반대로 뉴질랜드 총리 저신다 아던은 이슬람 사원 테러 이후 "당신들은 우리의 공동체입니다"라는 짧은 말로 상처 입은 이들에게 위로를 건넸다.

우리 모두를 단단하게 세우는 말

말이 많아질수록, 말다운 말은 더욱 귀하다. 다언은 풍요처럼 보이지만, 그 속에는 진실의 가뭄이 숨어 있다. 우리는 다시 물어야 한다. 이 말은 소통을 위한 것인가, 단지 소음일 뿐인가? 나의 말은 공동체를 세우는가, 아니면 무너뜨리는가?

말은 기술이 아니라 태도이며, 스피치의 본질은 공동체적 책임이다. 다언의 시대를 살아가는 우리는 더 많이 말하는 사람이 아니라, 더 바르게 말하는 사람이 되어야 한다.

바른 말은 단지 옳고 그름을 가리는 판단의 언어가 아니라, 타인의 마음에 닿는 배려의 언어다. 진실을 말하되 상대의 상처를 헤아리고, 비판하되 존중의 품위를 잃지 않는 것이 진정한 말의 용기다. 자기 확신에 기대어 외치는 말보다, 두려움을 짊어진 채 조심스레 내뱉는 말이 공동체를 더 단단히 세운다. 결국 우리의 말은 관계를 만드는 힘이며, 그 힘이 따뜻할수록 사회는 조금 더 서로에게 열린 공간이 된다.

Gravitas

Originality

Logic

Delivery

Emotion

Narrative

2장

말의 귀환 -
다시 말로 세상을 바꾸다

다시 인간의 말로

한때 사람들은 말했다.

"이제 말의 시대는 끝났다. 행동과 데이터가 세상을 움직인다."

그러나 그 예언은 틀렸다.

세상이 침묵에 잠길수록 사람들은 더 간절히 말의 온기를 찾았다.

인공지능이 시를 쓰고, 연설문을 작성해도, 그 속에는 떨림과 숨결이 없다.

말이란 계산의 산물이 아니라, 인간이 세계와 연결되는 방식이기 때문이다.

언어는 단순한 의사소통의 도구가 아니다.

그것은 존재의 증거이며, 마음의 기록이다.

한 사람의 말에는 그 사람의 윤리와 감정이 스며 있고, 한 사회의 언어에는 그 시대의 품격이 담겨 있다.

기계의 언어는 매끄럽지만, 인간의 언어는 불완전함 속에서 빛난다.

그 흔들림과 망설임, 그리고 고백이 바로 진심의 형식이다.

이제 우리는 다시 묻는다.

말은 무엇을 위해 존재하는가?

다시 인간의 말로 돌아간다는 것은, 기술로 잃어버린 감정을 되찾고, 타인의 고통에 응답하며, 공존의 언어를 회복하는 일이다.

말은 돌아왔다.

데이터가 닿지 못한 그 빈틈 속에서, 여전히 누군가의 마음을 움직이고 있다.

말의 미래를 묻다
교육과 리더십의 새로운 과제

기술은 눈부시게 발전했고, 플랫폼은 끝없이 늘어났다. 이제 누구나 휴대폰 하나로 방송할 수 있고, SNS 계정을 통해 수천수만 명에게 직접 말을 전할 수 있다. 정보는 넘쳐나고, 소통은 쉬워졌다.

"우리는 과연 어떤 말을 미래 세대에 물려주고 있는가?"

발표 기술, 논리적 구조, 설득의 기법을 강조하며 말하는 방법을 가르친다. 하지만 말을 어떻게 사용해야 하는지, 왜 말해야 하는지, 그 말의 결과를 어떻게 책임져야 하는지는 충분히 가르치지 않는다. 미래 세대는 단순히 말을 잘하는 것이 아니라, 말에 책임지는 사람, 말로 소통하고 치유하며 연대하는 사람으로 성장해야 한다.

말 교육은 기술 훈련이 아니다

오늘날 말 교육의 중심은 '발표력'과 '설득력'이다. 면접에서 논리적으로 답하는 법, 토론에서 상대를 이기는 법, 프레젠테이션을 유려하게 구성하는 법도 중요하지만, 더 근본적인 과제가 있다. 그것은 말의 철학, 말의 태도, 말의 인격이다.

어떻게 말해야 할까? 왜 이 말은 상대에게 상처가 되었을까? 어떤 말이 사람을 살리는가? 침묵이 필요한 순간은 언제인가? 이 질문들에 답할 수 있어야 한다. 말의 본질과 의미를 고민하는 교육이 필요하다. 말은 발성의 문제가 아니라 존재의 문제이기 때문이다.

말은 관계를 맺고, 신뢰를 세우며, 상처를 치유하는 힘이다. 한마디 위로가 절망의 밤을 버티게 하고, 한 줄 선언이 세상의 흐름을 바꾸기도 한다.

그러므로 미래 세대에게 필요한 것은 이기는 말이 아니라 이어주는 말이다. 상대를 논파하는 언어가 아니라, 경청하고 질문하고 기다릴 줄 아는 언어다.

공감하지 못하는 말은 아무리 유창해도 공허하다. 책임지지 않는 말은 아무리 명료해도 위험하다. 그래서 말은 기술이 아니라 태도에서 시작해야 한다. 아이들에게 말을 잘하는 법을 가르치기보다, 말에 책임지는 법을 가르쳐야 한다.

학교에서, 가정에서, 사회에서 말은 어떻게 길러지는가?

말은 교육의 가장 오래된 도구였다. 고대 철학자 소크라테스는 문서를 신뢰하지 않았다. 그는 "질문과 응답 속에서 진리가 산다"고 믿었고, 직접 말로 사고를 주고받으며 제자를 길렀다.

그러나 오늘날 우리는 말하지 않아도 되는 시대에 살고 있다. 문자 메시지와 영상, AI 음성이 소통의 수단을 대신한다. 바로 이럴 때일수록 더 깊은 말 교육이 필요하다.

학교는 말의 철학을 가르쳐야 한다. 토론 수업을 넘어서, 말의 의미와 윤리에 대한 성찰을 담아야 한다. 가정은 말의 감정을 가르쳐야 한다. 부모의 한마디는 아이에게 평생 각인되는 언어적 유산이다. 사회는 말의 책임을 보여주어야 한다. 정치인과 지도자, 언론인과 교육자가 책임 있는 언어를 쓸 때, 그것이 곧 살아 있는 교과서가 된다. 말은 단지 언어적 기교가 아니라, 사람을 키우는 씨앗이다.

말은 다음 세대의 도구이자 무기다

넘쳐나는 말의 홍수 속에서 무엇이 진실이고, 어떤 말이 책임 있는 언어인지 분별하도록 가르치는 일은 결코 쉽지 않다. 그렇기에 우리는 더 적극적으로 나서야 한다. 윤리적 말, 공감의 말, 비판적 사고에 기반한 말을 훈련시켜야 한다. 말은 누군가에게 칼이 될 수 있고, 누군가에게는 빛이 될 수 있다.

말은 도구일 뿐 아니라 무기다. 방향을 잘못 잡으면 파괴가 되고, 올바르게 쓰이면 희망이 된다. 미래의 교육은 말의 무게와 방향을 분별할 줄 아는 사람을 길러내야 한다.

리더십은 곧 언어의 책임이다. 지도자의 말 한마디는 전쟁을 일으킬 수도 있고, 평화를 불러올 수도 있다. 오늘날의 리더는 단순히 효율적인 언어를 구사하는 사람이 아니라, 윤리적 언어를 선택하는 사람이어야 한다. 조직의 성과를 위해 사실을 왜곡하거나, 대중의 환심을 얻기 위해 혐오를 조장하는 리더는 결국 공동체를 파괴한다.

AI 시대, 플랫폼 시대일수록 리더십의 본질은 더 분명해진다. 그것은 말의 기교가 아니라 말의 진실성과 책임에서 비롯된다.

말은 시대를 비추는 거울이자, 미래를 여는 열쇠다. 우리가 지금 어떤 말을 선택하고, 어떤 언어를 가르치느냐에 따라 다음 세대의 품격과 사회의 운명이 달라진다.

AI가 말을 만들어내는 시대에도, 인간의 말은 여전히 윤리와 공감, 책임과 연대에서 출발해야 한다. 그래서 우리는 다시 물어야 한다. 나는 어떤 말을 다음 세대에게 물려줄 것인가? 이 질문에 대한 답이 말의 미래다. 교육과 리더십이 이 과제를 놓치지 않을 때, 말은 사람을 살리고 사회를 세우는 힘이 된다.

치유하는 말
다시 희망을 말하다

한마디 말이 사람을 무너뜨릴 수 있다. "너는 안 돼"라는 단호한 한 줄에 자존감이 무너지고, "넌 쓸모없어"라는 조롱 속에 삶의 의욕이 꺾인다. 그러나 그 반대도 가능하다. 단 한마디가 사람을 살리고, 다시 일으킬 수도 있다.

말은 붕대처럼, 약처럼, 따뜻한 손처럼 상처를 감싸고 치유한다. 치유의 말은 화려하지 않다. 오히려 조용하고, 짧고, 조심스럽다. 그것은 명확하게 울려 퍼지기보다 마음속에 스며들어 잔잔한 울림을 남긴다. 진정한 회복을 원한다면 희망을 말하고, 위로를 말하고, 함께하자고 말해야 한다.

상처 입은 시대에 필요한 말

팬데믹, 전쟁, 혐오와 분열, 경쟁과 소외 속에서 우리는 서로를 향한 언어를 잃어버렸다. 사람들은 쉽게 비난하고, 빠르게 조롱하며, 좀처럼 사과하지 않는다. SNS에는 날 선 말이 넘쳐나지만, 마음을 어루만지는 언어는 찾아보기 어렵다. 이럴 때일수록 말은 치유의 수단이 되어야 한다.

"미안해."

"그 말이 상처가 되었겠구나."

"나는 여전히 네 편이야."

"같이 가자."

이런 말들은 뉴스 헤드라인에 오르지 않는다. 그러나 이 말들이야말로 한 사람의 삶을 되살리고, 무너진 관계를 다시 잇고, 연대의 감각을 되살리는 힘이 된다.

세월호 참사 당시, "잊지 않겠습니다"라는 말이 전 국민을 울렸다. 짧은 한 문장은 슬픔을 버티는 힘이자 사회적 약속이 되었다. 치유의 언어는 거창하지 않아도 시대를 지탱하는 기둥이 된다.

치유하는 말의 4가지 원칙

① **솔직하지만 조심스럽다** 감정을 부정하지 않되, 상대의 아픔을 침범하지 않는다.

② **상대의 경험을 인정한다** 정답을 제시하기보다 그 감정을 들어주고 받아들인다.

③ **공백을 두고 기다린다** 때로는 조언보다 침묵이 필요하다. 말은 기다림 속에서 힘을 얻는다.

④ **작고 일상적이다** "오늘 어땠어?"라는 짧은 인사가 거창한 위로보다 더 가슴에 와닿는다.

치유의 말에는 "나는 너를 보고 있다, 네 마음을 듣고 있다"는 메시지가 담겨 있다.

희망은 말에서 시작된다

희망은 현실의 조건에서 나오지 않는다. 희망은 언어의 선택이다. 절망적인 상황에서도 "괜찮아질 거야"라고 말할 수 있다면, 그것이 곧 현실을 바꾸는 출발점이 된다.

희망은 말에서 시작된다. 프란치스코 교황은 냉소의 시대에 "친절은 혁명적인 행위"라고 말했다. 작은 친절의 언어가 사회를 바꾸는 가장 근본적인 힘임을 일깨운 것이다. 그의 말은 현실을 바꾼 것이 아니라, 먼저 사람들의 마음을 바꾸었다.

리더십의 본질은 언어에 있다. 지도자의 말은 집단의 심리를 치유하거나, 반대로 깊은 상처를 낼 수도 있다. 프랭클린 루스벨트 대통령의 "우리가 두려워해야 할 것은 두려움 그 자체이다"라는 라디오 연설은 대공황에 지친 미국인들에게 안도감을 주었다.

오늘날 리더에게 필요한 것은 더 강한 언어가 아니라 더 따뜻한 언어다. 부드럽지만 단단한 언어, 상처를 덮는 언어, 공동체를 하나로 묶는 언어가 미래의 리더십을 결정한다.

우리는 다시 말해야 한다

싸움이 아닌 회복의 언어, 논파가 아닌 이해의 언어, 단절이 아닌 연결의 언어는 스피치의 마지막 사명이자 가장 인간적인 목적이다. 치유의 말은 유행어처럼 빠르게 사라지지 않고 오랜 시간 기억되며 다음 세대로 이어진다. 아이가 부모에게 들은 위로의 말은 평생 마음의 힘이 되고, 사회를 바로 세우고자 하는 지도자의 말은 국가의 정체성을 만든다.

결국 우리는 선택해야 한다. 나는 어떤 언어로 세상을 채울 것인가? 비난과 냉소의 언어로 상처를 낼 것인가, 아니면 위로와 희망의 언어로 공동체를 치유할 것인가?

이 시대에 진정 필요한 것은 더 많은 정보가 아니라 더 깊은 위로다. 누군가의 삶을 붙들어주는 한마디, 절망 속에서 다시 일어서게 하는 언어, 함께 가자고 건네는 말, 그것이야말로 미래를 위한 희망의 언어다.

말의 귀환

골든 스피치의 시대를 위하여

우리는 매일 수많은 말에 파묻혀 살아간다. 뉴스 속 정치인의 발언, SNS의 짧은 댓글, 광고 문구, 강의와 연설까지. 언어는 넘쳐나지만 진실되고 책임 있는 말은 점점 줄어들고 있다. 심지어 혐오와 조롱, 왜곡과 선동의 언어가 사회를 채운다.

이럴 때일수록 다시금 필요한 것은 '골든 스피치'의 가치다. 말은 기술이 아니라 인격이며, 화려한 수사가 아니라 깊은 책임이다. 사람을 일으켜 세우는 말, 공동체를 지탱하는 말, 미래를 여는 말이야말로 우리가 되살려야 할 언어다.

다시, 말의 르네상스를 위하여

우리는 지금 '말의 위기'를 통과하고 있다. 거짓과 혐오가 언어의 대부분을 차지하고, 소음이 대화를 대신한다. 그러나 말은 죽지 않는다는 것을 역사는 보여준다. 오히려 억압과 침묵의 시대를 지나올수록 더 강력하게 귀환한다.

동유럽의 민주화, 남아공의 자유, 한국의 민주주의는 모두 언어의 귀환에서 시작되었다. 억눌린 목소리가 다시 울려 퍼질 때 사회는 길을 찾는다. 그렇기에 지금은 말의 르네상스를 준비해야 할 시기다. 우리는 다시 질문해야 한다.

- 어떤 말을 할 것인가?
- 어떤 말을 가르칠 것인가?
- 어떤 말을 남길 것인가?

이것은 한 사회의 윤리적 방향을 결정하는 물음이다.

다음 세대를 위한 언어, 시대를 위한 말

골든 스피치는 다음 세대를 위한 언어적 자산이다. 우리는 그것을 기억하고, 가르치고, 확산시켜야 한다.

학교는 아이들에게 단순한 발표 기술이 아니라, 책임 있는 말을 가르쳐야 한다. 가정은 "괜찮아, 너는 소중해"라는 작은 언어로 아이들을 세워야 한다. 사회는 혐오와 조롱 대신 존중과 공감의 언어를 선택해야 한다.

다음 세대는 말로 상처 주는 시대가 아니라, 말로 연결하고 회복하는 시대를 살아가야 한다. 말은 무너진 공동체를 다시 세우고, 길을 잃은 시대에 방향을 제시한다. 그러므로 말의 교육과 리더십은 윤리와 책임을 중심으로 이루어져야 한다.

말의 귀환은 단순한 수사가 아니다. 그것은 행동을 촉구하는 부름이다. 누군가의 말이 혐오를 퍼뜨린다면, 또 다른 누군가의 말은 존엄을 지켜야 한다. 누군가의 언어가 사회를 분열시킨다면, 또 다른 언어가 사회를 회복시켜야 한다.

우리는 말해야 한다. 책임 있게, 공감하며, 진심으로. 다시금 말의 품격을 세우고, 언어의 윤리를 회복해야 한다. 골든 스피치의 시대는 멀리 있지 않다. 골든 스피치의 시대는 지금 우리의 입술과 태도에서 시작된다.

에필로그

말로 승부하라, 이제 당신의 차례다

당신은 알고 있다. 세상을 바꾸는 것은 결국 '말'이라는 것을.

사람의 생각을 흔들고, 마음을 움직이며, 행동하게 만드는 것은 총도, 돈도 아닌 말의 힘이다.

그런데 우리는 왜 여전히 말을 망설이는가?

왜 진심을 주저하며, 왜 뜨거운 가슴을 식은 언변으로 눌러 앉히는가?

이제 스스로에게 묻자.

"나는 지금, 말하고 있는가, 아니면 말리고 있는가?"

말은 단순한 기술이 아니다. 그것은 생각의 표현이자, 태도의 선언이며, 존재의 증명이다.

《골든 스피치 마스터》 제1권 '이론편'은 말의 본질을 탐구한 여정이었다. 이론의 깊이를 다지고, 언어의 윤리를 세우며, 스피치의 철학을 정립한 책이다.

그러나 이것은 시작일 뿐이다. 이제 그 언어를 실전의 무대에서 살아 숨 쉬게 할 차례다.

곧 이어질 제2권 '전술편'은 당신의 말을 '실전'으로 끌어올릴 것이다. 무대 위의 한 문장, 한 눈빛, 한 호흡이 청중을 흔드는 순간을 설계하고 입증하는 책이다.

그리고 마지막 제3권 '자료편'은 시대와 인류의 명언, 시詩, 예화 등 수천 년의 말의 기록이 당신의 무기를 더욱 단단하게 해줄 것이다.

이제 책을 덮어라. 그리고 무대에 당당하게 올라라.

당신의 목소리가 누군가의 방향을 바꾸고, 당신의 말 한마디가 세상을 다시 세울 수 있다.

말은 힘이다. 말은 무기다. 말은 미래다.

이제, 당신의 차례다. 당신도 골든 스피치를 할 수 있다!

골든 스피치 마스터
이론편

초판 1쇄 인쇄 2025년 11월 28일
초판 1쇄 발행 2025년 12월 15일

지은이 김양호 · 조동춘
펴낸이 이범상
펴낸곳 (주)비전비엔피 · 비전코리아

책임편집 차재호
기획편집 김승희 김혜경 한윤지 박성아
디자인 김혜림 이민선 인주영
마케팅 이성호 이병준 문세희 이유빈
전자책 김희정 안상희 김낙기
관리 이다정
인쇄 위프린팅

주소 우)04034 서울시 마포구 잔다리로7길 12 (서교동)
전화 02)338-2411 | **팩스** 02)338-2413
홈페이지 www.visionbp.co.kr
인스타그램 www.instagram.com/visionbnp
이메일 visioncorea@naver.com
원고투고 editor@visionbp.co.kr

등록번호 제313-2005-224호
ISBN 978-89-6322-236-3 04320

· 값은 뒤표지에 있습니다.
· 잘못된 책은 구입하신 서점에서 바꿔드립니다.